关于中国式现代化道路的

中共中央党校（国家行政学院）马克思主义学院课题组

张占斌 王海燕 等 著

中央党校出版集团
国家行政学院出版社
NATIONAL ACADEMY OF GOVERNANCE PRESS

图书在版编目（CIP）数据

关于中国式现代化道路的答问 / 张占斌等著 . —北京：
国家行政学院出版社，2022.3
ISBN 978-7-5150-2662-6

Ⅰ . ①关… Ⅱ . ①张… Ⅲ . ①现代化建设—中国—问
题解答 Ⅳ . ① F124.7

中国版本图书馆 CIP 数据核字（2022）第 037234 号

书　　名	关于中国式现代化道路的答问 GUANYU ZHONGGUOSHI XIANDAIHUA DAOLU DE DAWEN
作　　者	张占斌　王海燕等
统筹策划	陈　科
责任编辑	刘韫劼
出版发行	国家行政学院出版社 （北京市海淀区长春桥路 6 号　100089）
综 合 办	（010）68928887
发 行 部	（010）68928866
经　　销	新华书店
印　　刷	北京盛通印刷股份有限公司
版　　次	2022 年 3 月北京第 1 版
印　　次	2022 年 3 月北京第 1 次印刷
开　　本	155 毫米 ×230 毫米　16 开
印　　张	10.25
字　　数	88 千字
定　　价	32.00 元

本书如有印装问题，可联系调换，联系电话：（010）68929022

我们党领导人民不仅创造了世所罕见的经济快速发展和社会长期稳定两大奇迹，而且成功走出了中国式现代化道路，创造了人类文明新形态。这些前无古人的创举，破解了人类社会发展的诸多难题，摒弃了西方以资本为中心的现代化、两极分化的现代化、物质主义膨胀的现代化、对外扩张掠夺的现代化老路，拓展了发展中国家走向现代化的途径，为人类对更好社会制度的探索提供了中国方案。

——习近平《以史为鉴、开创未来，埋头苦干、勇毅前行》（2021 年 11 月 11 日）

出版说明

党的十八大以来，中国特色社会主义进入新时代，开启新征程。诚如马克思所指出的，"问题就是时代的口号，是它表现自己精神状态的最实际的呼声"，新时代就要解决新问题。

为回应新时代背景下广大党员、干部、群众特别关心、迫切需要解答的现实问题，我社特推出"新时代之问"系列答问读物，邀请相关领域权威专家学者，针对党的十八大以来我国在经济、政治、文化、社会、生态等领域重大问题进行专题解答。"新时代之问"系列秉承解决真问题、真解决问题的初衷，力求《答问》提出的问题和分析解答

新时代之问

有助于广大党员、干部深刻领会把握习近平新时代中国特色社会主义思想的精神实质、核心要义、丰富内涵和实践要求，把学习成果转化为推动工作的强大动力和生动实践。为实现社会主义现代化强国目标和中华民族伟大复兴凝心聚力！

前　言

习近平总书记指出："要有强烈的问题意识，以重大问题为导向，抓住关键问题进一步研究思考，着力推动解决我国发展面临的一系列突出矛盾和问题。"①问题意识凝聚了理论的思考导向，问题的回答则是理论的集中表达。马克思主义有着鲜明的问题意识，在认识世界、改造世界的过程中贯穿着对现实问题的把握。问题意识是马克思主义与时俱进、永葆生机的内在动因，也是中国共产党人进行伟大实践、推进理论创新创造的科学方法。在党的百年奋斗历史进程中，中国共产党人始终体现着强烈的问题意识与使命担当。

近年来，中共中央党校（国家行政学院）马克思主义

---

① 中共中央文献研究室编：《十八大以来重要文献选编》（上），中央文献出版社 2014 年版，第 496 页。

学院成立专题课题组。本书作者张占斌、黄锟、王海燕、毕照卿参与了多项课题的研究，围绕社会主义现代化、中国式现代化和共同富裕等问题，进行了一系列学术研究与实践调研。受中央马克思主义理论研究和建设工程委托，2017年，课题组围绕"中国特色社会主义与实现社会主义现代化强国目标研究"重大课题进行专题研究；2020年，围绕"中国特色社会主义与国家治理体系和治理能力现代化研究"重大课题继续深化研究。在此过程中，课题组形成了一些关于社会主义现代化问题的初步研究成果，有多份翔实的咨询报告、数十篇在一流期刊发表的论文、多部出版著作。其中，咨询报告获得了党和国家领导人的重要批示。

2020年以来，课题组的研究进入了新阶段。按照党的十九届五中全会精神指引，课题组集中研究对象，聚焦社会主义现代化国家问题，以"开启全面建设社会主义现代化国家新征程研究"为题，申请了研究阐释党的十九届五中全会精神国家社会科学基金重大项目，以"新时代中国特色社会主义政治经济学创新发展研究"为题，申请了国家社科基金重点项目，两个课题均获得批准立项。2021年6月和2021年8月，课题组围绕"社会主义现代化与共同富裕"问题赴浙江、上海和西藏调研。在这次主题调研过程中，我们重点领会习近平总书记在浙江、上海工作和在西藏考察调研时的重要指示精神，深入学习习近平总书记关于社会主义现代化、共同富裕等问题讲话的精神实质。2021 年 7 月，习近平总书记在庆祝中国共产党成立 100 周年大会上的讲话中明确指出，"我们坚持和发展中国特色社会主义，推动物质文明、政治文明、精神文明、社会文明、生态文明协调发展，创造了中国式现代化新道路，创造了人类文明新形态"[①]。至此，以习近平同志为核心的党中央提出的"中国式现代化道路"成为课题组明确的研究对象与持续的探索方向。2021 年 11 月，党的十九届六中全会通过了《中共中央关于党的百年奋斗重大成就和历史经验的决议》后，课题组又围绕中国式现代化、中国式现代化道路与党的百年奋斗历程，特别是中国式现代化与中国特色社会主义新时代的关系这个重点问题，进行了集中学习与重点讨论，取得了良好效果。

2022 年 1 月，应国家行政学院出版社邀约，课题组成员张占斌、黄锟、王海燕、毕照卿利用春节假期集中写作本书。本书集中展示了课题组自 2017 年以来的研究成果，凝练着课题组对于"中国式现代化"这一问题走向大众化

[①] 习近平：《在庆祝中国共产党成立 100 周年大会上的讲话》，人民出版社2021 年版，第 13—14 页。

的期望。我们希望通过这一本简明扼要、内容精练的小册子，及时回应社会各界对于中国式现代化的深切关注，凝聚关于中国式现代化的思想基础，共同助力中国式现代化伟大事业，朝向全面建成社会主义现代化强国目标前行。

最后，我们十分感谢在研究过程中对我们关心、鼓励和指导的同志们，感谢中央党校出版集团、国家行政学院出版社的大力支持！本书在写作过程中参考了很多文献和部分学者的观点，但仍感还有很多不足之处，敬请读者朋友批评指正！

目　录

01 / **第一个问题**

中国式现代化与中国式现代化道路有什么区别?

05 / **第二个问题**

如何理解中国式现代化的发展历程和成就?

15 / **第三个问题**

中国式现代化百年探索历程给予我们哪些经验

启示?

21 / **第四个问题**

如何理解中国式现代化与中华民族伟大复兴的

关系?

25 / **第五个问题**

怎样把握中国式现代化与优秀传统文化的关系？

30 / **第六个问题**

如何理解中国式现代化与小康社会的关系？

36 / **第七个问题**

中国式现代化道路与中国特色社会主义道路是什么
关系？

40 / **第八个问题**

中国式现代化与马克思主义理论是什么关系？

47 / **第九个问题**

中国式现代化与国家治理体系和治理能力现代化是
什么关系？

51 / **第十个问题**

中国式现代化与全面建设社会主义现代化国家是什
么关系？

55 / **第十一个问题**

怎样把握中国式现代化与新发展格局、新发展理念、
新发展阶段的关系？

60 / **第十二个问题**

如何理解中国式现代化以人民为中心的根本逻辑？

64 / **第十三个问题**

为什么说社会主义性质是中国式现代化的根本属性?

68 / **第十四个问题**

如何理解中国共产党是中国式现代化的领导力量?

73 / **第十五个问题**

为什么说实现中国式现代化必须坚持以经济建设为

中心?

78 / **第十六个问题**

中国式现代化的实质内涵是什么?

83 / **第十七个问题**

中国式现代化有哪些新的时代特征?

89 / **第十八个问题**

如何理解共同富裕是中国式现代化的重要特征?

95 / **第十九个问题**

中国式现代化进程中如何扎实推动共同富裕?

99 / **第二十个问题**

中国式现代化进程中如何对待资本问题?

103 / **第二十一个问题**

如何理解中国式现代化的全面性?

目
录

108 / **第二十二个问题**

如何理解中国式现代化的"并联式"特征?

113 / **第二十三个问题**

为什么说中国式现代化是自立自强的现代化?

117 / **第二十四个问题**

中国式现代化有没有一个时间表、路线图?

122 / **第二十五个问题**

未来中国式现代化道路有哪些战略安排?

126 / **第二十六个问题**

走中国式现代化道路需要着重解决哪些问题?

130 / **第二十七个问题**

中国式现代化与西方现代化相比有何优势?

134 / **第二十八个问题**

中国式现代化道路对发展中国家有何借鉴启示?

140 / **第二十九个问题**

如何理解中国式现代化创造了人类文明新形态?

144 / **第三十个问题**

如何理解全面建成社会主义现代化强国的重大
意义?

第一个问题

中国式现代化与中国式现代化道路有什么区别?

习近平总书记在庆祝中国共产党成立 100 周年大会上的讲话中指出:"我们坚持和发展中国特色社会主义,推动物质文明、政治文明、精神文明、社会文明、生态文明协调发展,创造了中国式现代化新道路,创造了人类文明新形态。"与中国式现代化道路紧密联系在一起的另一个重要概念即"中国式现代化"。理解和把握中国式现代化与中国式现代化道路的区别,有必要阐释"中国的现代化—中国式现代化—中国式现代化道路"概念演进的历史逻辑与理论逻辑。

第一,中国式现代化与中国的现代化。"中国的现代化"突出了对近代以来中国探索实现现代化的历史现象的描述。1840 年鸦片战争以后,由于西方列强的入侵和封建统治的腐败，中国逐步成为半殖民地半封建社会，国家蒙辱、人民蒙难、文明蒙尘，中华民族遭受了前所未有的劫难。为了拯救民族危亡，中国人民奋起反抗，仁人志士奔走呐喊，进行了可歌可泣的斗争。无论是学习西方先进技术的洋务运动，还是力求"变法图强"的戊戌变法，抑或是推翻帝制、振兴中华的辛亥革命，都没让中国真正走上现代化道路。这些救国方案体现了中国人民对现代化的向往，意味着中国已经开始了现代化探索，即开启了中国的现代化发展历程。但是，在此历史阶段的现代化突出表现为"被动的现代"，即迫于外部入侵所进行的现代化探索。历史已经证明，资本主义道路没有走通，改良主义、自由主义、社会达尔文主义、无政府主义、实用主义、民粹主义、工团主义等也"你方唱罢我登场"，都没能解决中国的前途和命运问题。1921年，中国共产党应运而生。从此，中国人民谋求现代化就有了主心骨，中国人民就从精神上由被动转为主动。新中国成立后，中国共产党领导全国各族人民真正开始了"主动的现代化"探索，直至开创中国式现代化道路，由此可见，中国式现代化形成于中国的现代化发展历程，是对中国的现代化经验教训的深刻总结，更是主动探索得到、已经被实践证明成功的现代化整体性方案。

第二，中国式现代化与中国式现代化道路的内涵区别。本质而言，中国式现代化比中国式现代化道路有着更为宽广的内涵与外延。习近平总书记对中国式现代化概括分析指出："我国现代化是人口规模巨大的现代化，是全体人民共同富裕的现代化，是物质文明和精神文明相协调的现代化，是人与自然和谐共生的现代化，是走和平发展道路的现代化。"① 其中，人口规模巨大指向了中国式现代化的基本特征，全体人民共同富裕指向了中国式现代化的方向目标，物质文明和精神文明相协调指向了中国式现代化的重要内涵，人与自然和谐共生指向了中国式现代化的重要特征，走和平发展道路指向了中国式现代化的发展道路。在此意义上，中国式现代化表征为总体性概念，是对中国式现代化道路、中国式现代化理念、中国式现代化理论、中国式现代化目标、中国式现代化制度、中国式现代化文化等多重内容的总结提炼。中国式现代化进程集中表达了中国式现代化形成和发展的历史过程，中国式现代化道路也就是中国式现代化的内涵之一。

第三，中国式现代化与中国式现代化道路的内在联系。从中国式现代化的内涵可以看出，中国式现代化与中

---

① 习近平：《把握新发展阶段，贯彻新发展理念，构建新发展格局》，《求是》2021 年第 9 期。

国式现代化道路有着天然的联系，在现实中往往被同义使用。这是因为，中国式现代化首先表现为中国式现代化道路的开辟与拓展，同时又超越了中国式现代化道路的历史过程，还会伴随着中国式现代化道路的发展不断丰富。要言之，中国式现代化道路是中国式现代化的实现途径，也是中国式现代化的集中呈现。如未特别强调中国式现代化与中国式现代化道路的区别，中国式现代化与中国式现代化道路的通约性决定了两个概念在一定意义上可以互换使用。

第二个问题

如何理解中国式现代化的发展历程和成就？

探索现代化道路在近代中国已有之，表现为仁人志士为了拯救羸弱的中国，从器物、制度、思想等多方面进行了艰辛探索。囿于阶级属性、历史局限性等，这些受西方影响的被动现代化探索最终都以失败告终。中国式现代化道路的开辟、中国主动的现代化，肇始于中国共产党创立与持之以恒的探索。历史地看，中国式现代化道路的形成经历了以下四个历史阶段。

新民主主义革命时期，中国共产党人的探索为中国式现代化道路的开辟创造根本社会条件。在此时期，中国共产党带领中国人民进行土地革命，开创了农村包围城市的革命道路，走上了一条符合中国国情的新民主主义革命道路，并成功夺取政权。与此同时，以毛泽东同志为主要代表的中国共产党人已经开始思考中国的现代化问题，得出了建立新民主主义社会等重要结论。新中国成立前夕，毛泽东在党的七届二中全会上论述使中国从农业国变成工业国这个问题时，就提出了要"解决建立独立的完整的工业体系"[①]的问题。在新民主主义理论的指导下，中国建立了新民主主义社会，不仅从生产关系调整角度促进了国计民生的恢复，而且在政治、经济、社会动员方面为现代化的发展，特别是向社会主义社会的过渡做好了充分准备。

社会主义革命和建设时期，以毛泽东同志为主要代表的中国共产党人，以社会主义改造开启了我国现代化建设的历史征程，为中国式现代化的推进奠定根本政治前提和制度基础。其一，确立社会主义基本制度。通过新民主主义革命，中国已经实现了从半殖民地半封建社会向新民主主义社会的转变，推动了资本主义经济成分和要素的充分发展。但是，处于过渡阶段的、以资本主义经济成分为主的新民主主义社会并不能支撑中国的现代化发展，正如毛泽东指出的，"资本主义道路，也可增产，但时间要长，而且是痛苦的道路。"[②]在此情况下，中华民族以有史以来最为广泛而深刻的社会变革，确立了社会主义基本制

度，以社会主义建设开启了现代化建设的历史征程。其
二，高度重视工业化对于现代化的重要意义，提出"四个
现代化"建设蓝图。社会主义制度建立后，毛泽东明确提
出，"要使它最后巩固起来，必须实现国家的社会主义工
业化"[①]。由此，工业化成为新中国发展的首要任务。也正
是在此时期，新中国建立了较为完善的工业体系，为现代
化的发展打下坚实基础。不仅如此，1957 年，毛泽东便已
提出要"建设一个具有现代工业、现代农业、现代科学文
化的社会主义国家"[②]。1959年底 1960年初，毛泽东发展了
这一思想，提出要在原有基础之上加上国防现代化。[③]1963
年，"四个现代化"明确为"把我国建设成为一个农业现代
化、工业现代化、国防现代化和科学技术现代化的伟大的
社会主义国家"[④]。根据毛泽东的判断，周恩来在1964年第
三届全国人大政府工作报告中向全国各界正式提出了"四
个现代化"重要目标，即"全面实现农业、工业、国防和
科学技术的现代化，使我国经济走在世界的前列"[⑤]。其三，
拟定基本实现社会主义现代化的进度表，制定"两步走"

---

① 《毛泽东文集》第七卷，人民出版社 1999 年版，第 268 页。
② 《毛泽东文集》第七卷，人民出版社 1999 年版，第 268 页。
③ 《毛泽东文集》第八卷，人民出版社 1999 年版，第 116 页。
④ 《建国以来毛泽东文稿》第十册，中央文献出版社1996年版，第346页。
⑤ 《周恩来经济文选》，中央文献出版社 1993 年版，第 563 页。

现代化发展战略。为了有计划地实现工业化和现代化，以毛泽东同志为代表的中国共产党人依据中国国情，不断探索实现现代化的时间进度表。早在1955年，毛泽东便已认识到，"要建成为一个强大的高度社会主义工业化的国家，就需要有几十年的艰苦努力，比如说，要有五十年的时间，即本世纪的整个下半世纪"①。虽然新中国成立之初各项事业的顺利进展一度使得中央对现代化进程作出了过于乐观的估计，但是在经历了一定波折之后，毛泽东回到了早期的看法，认识到"至于建设强大的社会主义经济，在中国，五十年不行，会要一百年，或者更多的时间"②的现实国情。1963年，毛泽东在修改《关于工业发展问题》初稿时形成了关于"两步走"的初步表述："第一步，搞十五年，建立一个独立的完整的工业体系，使我国工业大体赶上世界先进水平；第二步，再用十五年，使我国工业接近世界的先进水平。"③之后，周恩来在1964年的政府工作报告中明确阐释了"两步走"发展战略。可以看出，在新中国初期的现代化道路的探索过程中，中国共产党人已经积累了丰富经验，不仅对于实现现代化的内容和特征作

① 《毛泽东文集》第六卷，人民出版社1999年版，第390页。
② 《毛泽东文集》第八卷，人民出版社1999年版，第301页。
③ 《建国以来毛泽东文稿》第十册，中央文献出版社1996年版，第347页。

出了科学的判断，而且对于时间表和发展战略已经有了清晰的安排，体现了中国式现代化道路开辟过程中的鲜明特征。

改革开放和社会主义现代化建设时期，以邓小平同志为主要代表的中国共产党人领导开辟了中国特色社会主义道路，为中国式现代化道路提供充满新的活力的体制保证和快速发展的物质条件。其一，开创了中国特色社会主义道路。党的十一届三中全会之后，以邓小平同志为代表的党中央深刻总结"文化大革命"的经验教训，作出了把党和国家的工作重心转移到社会主义现代化建设上来，实行改革开放的伟大决策。在此基础上，党的十二大明确提出"把马克思主义的普遍真理同我国的具体实际结合起来，走自己的道路，建设有中国特色的社会主义"[①]重大命题，由此明确了中国现代化发展道路，并开创了中国特色社会主义道路。其二，创造性使用"小康社会"，提出经济建设"三步走"战略。"小康"本为古代中国对理想社会的憧憬，体现了中国人民对丰衣足食的向往与追求。邓小平改造了小康一词的概念内涵，创造性地使用了小康社会描绘中国现代化发展图景。1979年，邓小平在会见日本首相大平正芳时，第一次使用"小康"概念展现中国的现代化蓝

---

① 《邓小平文选》第三卷，人民出版社1993年版，第3页。

图，指出"我们的四个现代化的概念，不是像你们那样的现代化的概念，而是'小康之家'"①。围绕实现小康社会的战略安排，我们党提出了"翻两番"的重要目标，规划了"三步走"重要战略，以阶段性发展目标推进现代化建设。其三，走对外开放之路，构建对外开放格局。以邓小平同志为主要代表的中国共产党人清楚地认识到，现代化的发展离不开世界舞台，必须抓住经济全球化重要机遇加快现代化发展。为此，中国共产党领导全国各族人民通过经济特区试点对外开放，逐渐构筑了由"经济特区—沿海开放城市—沿海经济开放区—内地"构成的多层次、点面结合的对外开放格局，实现了中国与世界的重新接轨。21世纪初，随着中国加入世界贸易组织，中国现代化彻底融入世界发展。在此过程，中国利用外国的先进技术、管理经验等一切优秀成果，促进生产和科技变革，尽可能地提升我国现代化水平，缩小与发达国家现代化发展的差距。其四，突破计划经济与市场经济范围，创新社会主义经济体制。党的十二届三中全会审议通过《中共中央关于经济体制改革的决定》，创造性地引入了价值规律，强调实现的是公有制基础上的有计划的商品经济。沿着经济体制改革

---

① 《邓小平年谱（1975—1997）》上卷，中央文献出版社2004年版，第582页。

重要方向，邓小平在 1992 年的南方谈话中提出："计划经济不等于社会主义，资本主义也有计划；市场经济不等于资本主义，社会主义也有市场。计划和市场都是经济手段。"① 邓小平剥离了市场与计划的制度属性，强调了二者皆为经济手段，凸显了它们在调动资源以及促进经济发展方面的重要作用，由此实现了二者的结合用以推动现代化发展。其五，江泽民、胡锦涛领导各族人民接续奋斗，持续探索中国特色社会主义道路，不断推进马克思主义中国化，在中国式现代化问题上形成了一系列重要理论成果，在实践中丰富发展了现代化的道路、战略、目标，取得了中国现代化事业一系列重要成就。

中国特色社会主义进入新时代，以习近平同志为核心的党中央面对着中华民族伟大复兴的战略全局和世界百年未有之大变局，不断深化和拓展中国特色社会主义道路，提出了一系列新理念、新思想、新战略、新举措，描绘勾勒全面建设社会主义现代化国家的远大图景，迎来了"强起来"的伟大飞跃，展现了中国共产党领导中国式现代化新道路开辟的伟大成果。其一，统筹推进"五位一体"总体布局，协调推进"四个全面"战略布局。党的十八大以来，中央领导集体提出了经济建设、政治建设、文化建

① 《邓小平文选》第三卷，人民出版社 1993 年版，第 373 页。

设、社会建设、生态文明建设"五位一体"的中国特色社会主义事业总体布局。习近平总书记在总结治国理政经验基础上，从全局视野和战略高度提出了全面建成小康社会、全面深化改革、全面依法治国、全面从严治党的"四个全面"战略布局。"五位一体"总体布局和"四个全面"战略布局分别着眼于"一体"和"全面"，分别指向了现代化建设各个领域的横向规划以及现代化建设任务的纵向展开，侧重于"解决做什么的问题"以及"解决怎么做的问题"。"五位一体"总体布局和"四个全面"战略布局密切联系，是我们党坚持和发展中国特色社会主义的阶段性战略目标和重要抓手，共同为实现中华民族伟大复兴战略目标、推动中国现代化事业提供指引与支撑。其二，把人民对美好生活的向往作为奋斗目标，取得了全面建成小康社会的历史性成就。始终坚持以人民为中心，是我们党一直以来坚持的理念。习近平总书记在十八届中央政治局常委同中外记者见面时的讲话便已指出："人民对美好生活的向往，就是我们的奋斗目标。"[1]在党的十九大报告中，习近平总书记再次强调："全党同志一定要永远与人民同呼吸、共命运、心连心，永远把人民对美好生活的向往作

---

[1] 《习近平谈治国理政》第一卷，外文出版社 2018 年版，第 4 页。

为奋斗目标。"①把人民对美好生活的向往作为奋斗目标，就是坚持全心全意为人民服务的根本宗旨，坚持植根人民、依靠人民、服务人民，将这一理论作为检验各项政策效果和工作得失的评判标准，带领人民在创造美好幸福生活的新征程上不断前行。正是在这一奋斗目标的方向指引下，以习近平同志为核心的党中央领导全国各族人民取得了脱贫攻坚战的全面胜利，创造了彪炳史册的人间奇迹；在建党一百周年之际圆满完成第一个百年奋斗目标，实现了决胜全面建成小康社会的伟大胜利，取得了举世瞩目的伟大成就。其三，开启全面建设社会主义现代化国家的新征程，以新发展理念、新发展格局构筑中国式现代化发展道路。立足于我国社会主要矛盾的变化，以及经济快速发展的实际，习近平总书记在党的十九大报告中提出"在全面建成小康社会的基础上，分两步走在本世纪中叶建成富强民主文明和谐美丽的社会主义现代化强国"②的"两步走"战略安排，对两个阶段的现代化目标作出了明确部署。随着中国的现代化事业进入新发展阶段，党的十九届五中全会向全党全国各族人民宣示开启全面建设社会主义现代化国家新征程，号召朝着全面建成社会主义现代化强国的第

---

① 《习近平谈治国理政》第三卷，外文出版社 2020 年版，第 1—2 页。
② 《习近平谈治国理政》第三卷，外文出版社 2020 年版，第 15 页。

二个百年奋斗目标前进。习近平总书记站在全面建设社会主义现代化国家全局高度，提出必须立足新发展阶段、贯彻新发展理念、构建新发展格局，以高质量发展促进中国现代化事业。

第三个问题

中国式现代化百年探索历程给予我们哪些经验启示？

实现中国式现代化是中国共产党人持续奋斗的建设理想。一百年来，党领导人民进行中国式现代化的探索，积累了宝贵的历史经验，使得中国式现代化和中华民族伟大复兴展现出前所未有的光明前景，创造了人类文明新形态。在党的十九届六中全会通过的《中共中央关于党的百年奋斗重大成就和历史经验的决议》中，以习近平同志为主要代表的中国共产党人对百年中国式现代化探索经验和意义进行了深刻总结和阐述。这是党和人民共同创造的宝贵财富，必须倍加珍惜、长期坚持，并在新时代的实践中不断丰富和发展。那么，如何理解中国共产党的百年奋斗与中国式现代化这两者之间的互动所产生的历史经验和历史意义呢？

第一，坚持党的领导。中国共产党，是中国式现代化的领导力量。中国的现代化开启于近代鸦片战争，中国共产党的诞生，真正发动了中国式现代化，或者说使得中国现代化从"被动的现代化"转变为"自主的现代化"。中国式现代化取得今天的巨大成就，最根本的原因是有中国共产党的坚强领导。历史和现实都证明，没有中国共产党，就没有新中国，就没有中国式现代化，就没有中华民族伟大复兴。因此，党对中国现代化历史进程的领导，是中国式现代化的最大特色。

第二，坚持人民至上。人民至上，是中国式现代化的价值追求。实现中国式现代化，就是为人民谋幸福、为民族谋复兴，这是党领导现代化建设的出发点和落脚点。"江山就是人民、人民就是江山，打江山、守江山，守的就是人民的心。"①人民是党执政兴国、推进中国式现代化的最大底气。同时，人民是中国式现代化的依靠力量，是中国式现代化的最深厚的力量源泉。党的最大政治优势是密切联系群众，党致力中国式现代化，代表着中国最广大人民的根本利益，这是党推进中国式现代化立于不败之地的根本所在。

---

① 习近平：《在庆祝中国共产党成立100周年大会上的讲话》，人民出版社2021年版，第11页。

第三，坚持理论创新。理论创新，是中国式现代化的思想路径。党之所以能够领导人民不断推进中国式现代化的艰巨任务，根本在于坚持解放思想、实事求是、与时俱进、求真务实，不搞本本主义、教条主义，坚持把马克思主义基本原理同中国具体实际相结合、同中华优秀传统文化相结合，坚持实践是检验真理的唯一标准，坚持一切从实际出发，以我们正在做的事情为中心，及时回答中国之问、世界之问、时代之问、人民之问，不断推进马克思主义中国化时代化。

第四，坚持独立自主。独立自主，是中国式现代化的精神之魂。独立自主是立党立国的重要原则，也是推进中国式现代化的精神遵循。走中国式现代化道路，必须坚持独立自主开拓前进道路，坚持国家和民族发展的主体性，坚持中国的事情必须由中国人民自己作主、自己处理。同时，注重在开放中学习吸纳国际先进技术和经验，既不闭门造车，也不邯郸学步，而是在独立自主中锻造自立自强的本色和真功夫，执着把原始创新的品质发扬光大。

第五，坚持中国道路。中国特色社会主义道路，是中国式现代化的康庄大道。党在百年现代化探索中坚持从我国国情出发，探索并形成符合中国实际的现代化道路。既不走封闭僵化的老路，也不走改旗易帜的邪路，不盲从不做附庸，坚持党的基本理论、基本路线和基本方略不动摇，坚定不移走以经济建设为中心的中国式现代化道路。这是一条党和人民在付出了巨大牺牲和艰辛探索后，在改革开放中创造出的有自己特色的社会主义道路，这是进一步为中国人民创造更大的尊严和自信，创造人民美好生活、实现中华民族伟大复兴的康庄大道，构成了实现中华民族伟大复兴的现实路径。

第六，坚持胸怀天下。胸怀天下，体现着中国式现代化的人类关怀。大道之行，天下为公。党和人民在百年的中国式现代化探索中深刻认识到，中国人民要为人类作出较大贡献，要发挥大国的责任担当。党始终以全球意识和世界眼光关注人类前途命运，从人类发展大潮流、世界变化大格局、中国发展大历史等方面正确认识和处理同外部世界的关系。我们推进中国式现代化，坚持开放，坚持互利共赢、不搞零和博弈，坚持主持公道、伸张正义，站在历史正确的一边，站在人类进步的一边。

第七，坚持开拓创新。开拓创新，是中国式现代化的不竭动力。创新是一个国家、一个民族发展进步的不竭动力，也是中国式现代化开拓进取的不竭动力。实现中国式现代化伟大事业的过程充满艰难险阻，需要艰苦奋斗，需要开拓创新。党领导人民推进中国式现代化，披荆斩棘、锐意进取，不断推进理论创新、实践创新、制度创新、文化创新以及其他各方面创新，特别是通过改革开放，敢为天下先，大胆试大胆闯，走出了前人没有走出的路，解决了十几亿人的温饱和小康，并把解决人民日益增长的美好生活需要和不平衡不充分的发展之间的矛盾提上现代化建设的日程。

第八，坚持敢于斗争。敢于斗争，是中国式现代化的力量源泉。敢于斗争、敢于胜利，是党和人民不可战胜的强大精神力量。党和人民推进中国式现代化取得的一切成就，不是天上掉下来的，不是别人恩赐的，不是躺平获得的，而是通过不断斗争、敢于胜利取得的。在百年中国式现代化的艰辛探索中，党和人民迎难而上、不怕牺牲、百折不挠、抢抓机遇，发扬斗争精神，对看准、认定的事业，前仆后继，不懈奋斗，取得巨大成就。

第九，坚持统一战线。统一战线，是中国式现代化的重要法宝。团结奋斗是党和人民推进中国式现代化的重要法宝和精神标识。团结就是力量，奋斗开创未来。党在推进中国式现代化进程中始终坚持大团结大联合，努力寻求最大公约数、画出最大同心圆，铸牢中华民族共同体意识，促进政党关系、民族关系、宗教关系、阶层关系、海内外同胞关系和谐，最大限度地凝聚起共同奋斗的力量。

第十，坚持自我革命。自我革命，是中国式现代化的强大支撑。党的伟大不在于不犯错误，而在于敢于直面问题，勇于自我革命。这是党永葆青春活力的时代密码，是不断推进中国式现代化的强大支撑，是区别于其他政党的显著标志。先进的马克思主义政党不是天生的，而是在不断自我革命中淬炼而成的。党历经百年沧桑更加充满活力，持续推进中国式现代化，其奥秘就在于始终坚持真理、修正错误。从领导中国式现代化的历史进程中，可以清楚看到党这些闪光的品质。

第四个问题

如何理解中国式现代化与中华民族伟大复兴的关系？

　　中国式现代化承载着实现中华民族伟大复兴的历史梦想。19世纪40年代，殖民侵略者的坚船利炮打破了清王朝"天朝上国"的迷梦，帝国主义的入侵致使中国成为半殖民地半封建社会。面对中华向何处去的问题，中国人民"开眼看世界"，开始了实现现代化的尝试。但是，洋务运动、维新变法、义和团运动、辛亥革命都以失败告终。不仅如此，第一次世界大战的惨烈景象充分暴露了资本主义的严重弊端，引发了中国先进的知识分子对西方资本主义道路的怀疑。随着俄国十月革命和五四运动的进行，马克思主义在国内得以广泛传播，使得苦苦追求民族复兴的中华民族看到了一条与资本主义道路不同的、通往现代化的道路。

中国共产党一成立，就在探索实现现代化的道路，先后取得了新民主主义革命和社会主义革命伟大胜利，真正实现了民族独立和人民解放，开启了中国式现代化的伟大征程。在此意义上，中国式现代化是中华民族伟大复兴式现代化。中国式现代化是在中国这块古老而又崭新的大地上的现代化，是近代以来中华民族孜孜以求的梦想，中国追求现代化的道路与救亡图存相重合、与民族复兴相一致，是走向中华民族伟大复兴的现代化道路。要言之，只有中国式现代化以阶段性目标和科学的规划，逐步实现中华民族伟大复兴的宏伟目标，构成了实现中华民族伟大复兴的必然途径。

以毛泽东同志为主要代表的中国共产党人，团结带领全党全国各族人民，完成了新民主主义革命，建立了中华人民共和国，确立了社会主义基本制度，完成了中华民族有史以来最为广泛而深刻的社会变革，以现代化建设开启了中华民族伟大复兴历史征程。在此历史时期，以毛泽东同志为主要代表的中国共产党人，确立"四个现代化"战略目标，制定"两步走"现代化发展战略，为在新的历史时期开创中国特色社会主义提供了宝贵经验、理论准备、物质基础，为中国式现代化奠定了根本政治前提和制度基础。以邓小平同志为主要代表的中国共产党人，作出把党和国家工作中心转移到经济建设上来、实行改革开放的历史性决策，明确提出走自己的路、建设中国特色社会主义，科学回答了建设中国特色社会主义的一系列基本问题，成功开创了中国特色社会主义，以中国特色社会主义道路开创了中国式现代化崭新前景。在此历史时期，以邓小平同志为主要代表的中国共产党人创造性使用"小康社会"，提出经济建设"三步走"战略，以中国式现代化道路推动中华民族伟大复兴不断前行。

党的十八大以来，以习近平同志为核心的党中央准确把握中国特色社会主义的历史新方位、时代新变化、实践新要求，从理论和实践结合上系统科学回答了新时代坚持和发展什么样的中国特色社会主义、怎样坚持和发展中国特色社会主义这个重大时代课题，确立新时代坚持和发展中国特色社会主义的基本方略，推动中国特色社会主义进入新时代，开启全面建设社会主义现代化国家新征程，将中国式现代化推至新境界，成功引领当代中国走在全面建成社会主义现代化强国、实现中华民族伟大复兴的宽阔大道上。

中国式现代化承载着中华民族伟大复兴的梦想，也以建立新中国、全面建成小康社会扎实接近着中华民族伟大复兴的目标，更是以"全面建设社会主义现代化国家"展现了实现中华民族伟大复兴的光明前景。要言之，中国式现代化道路使中华民族迎来了从站起来、富起来到强起来的伟大飞跃。

历史长河滚滚向前，时代号角催人奋进。中国式现代化道路是历史的选择、人民的选择，是当代中国大踏步赶上时代、引领时代发展的康庄大道，是实现中华民族伟大复兴的必然路径。实现中华民族伟大复兴进入了不可逆转的历史进程。我们比历史上任何时期都更接近中华民族伟大复兴的目标，比历史上任何时期都更有信心、更有能力实现这个目标。在新的征程上，必须坚定不移走中国式现代化道路，为实现中华民族伟大复兴的中国梦接续奋斗。

第五个问题

怎样把握中国式现代化与优秀传统文化的关系？

中国式现代化不仅是经济、政治的现代化，还表现为文化的现代化过程，即中华传统文化在社会主义现代化背景下的重塑过程。习近平总书记指出："中国优秀传统文化的丰富哲学思想、人文精神、教化思想、道德理念等，可以为人们认识和改造世界提供有益启迪，可以为治国理政提供有益启示，也可以为道德建设提供有益启发。对传统文化中适合于调理社会关系和鼓励人们向上向善的内容，我们要结合时代条件加以继承和发扬，赋予其新的涵义。"[1] "赋予其新的涵义"，正是体现了鲜明的现代化指向。要言之，中国式现代化不仅传承弘扬中华优秀传统文化，

---

[1] 习近平：《在纪念孔子诞辰2565周年国际学术研讨会暨国际儒学联合会第五届会员大会开幕会上的讲话》，人民出版社2014年版，第6—7页。

而且在现代化历史过程中实现文化的推陈出新。

第一，源远流长的中华文明凝练为文化之根。习近平总书记指出，"独特的文化传统，独特的历史命运，独特的基本国情，注定了我们必然要走适合自己特点的发展道路。"[①] 一方面，中华优秀传统文化的独特基因决定着中国式现代化道路是一条有别于西方现代化，具有独特文化优势的中国道路。这既是对中华文化优势的充分彰显，又是对中华优秀文化的创造性转化。如，中国式现代化"以人民为中心"的根本逻辑早已超越了阶级对立基础上的"民惟邦本、本固邦宁"；作为中国式现代化道路重要特征的共同富裕，创造性发展了"闻有国有家者，不患寡而患不均，不患贫而患不安""权有无，均贫富，不以养嗜欲"等价值理念。另一方面，作为"文明型国家"的中国素来崇尚文明感召。"中华民族是爱好和平的民族。一个民族最深沉的精神追求，一定要在其薪火相传的民族精神中来进行基因测序。有着5000多年历史的中华文明，始终崇尚和平，和平、和睦、和谐的追求深深植根于中华民族的精神世界之中"[②]。中国不认同国强必霸的陈旧逻辑，秉持着兼容并包的精神，致力于实现中华文明与世界文明的交

① 《习近平谈治国理政》第一卷，外文出版社2018年版，第156页。
② 《习近平在德国科尔伯基金会的演讲》，《人民日报》2014年3月30日。

流融汇，坚定不移走和平发展道路，推动构建人类文明共同体，让中华文明为世界文明作出更大贡献。作为中国式现代化道路重要特征的和平发展，体现了中华文化的海纳百川、"和而不同"、"和为贵"、"以德服人"等价值理念。中国式现代化道路继承发扬中华文明，逐步构建人类文明新秩序，不断开创人类文明新形态。

第二，博大精深的文化血脉奠定了深厚根基。中国式现代化传承优秀传统文化中的治国方略和思维方式并应用于现代化建设。习近平总书记指出："中华传统文化源远流长、博大精深，中华民族形成和发展过程中产生的各种思想文化，记载了中华民族在长期奋斗中开展的精神活动、进行的理性思维、创造的文化成果，反映了中华民族的精神追求，其中最核心的内容已经成为中华民族最基本的文化基因。"[1] 优秀传统文化是国家治理现代化的深厚文化基因。中国式现代化充分挖掘中华优秀传统文化中的哲学思想、人文涵养、历史经验、政治智慧、经世理念、修身之道等，全面体现了中华文化中治国之道的精髓。传统文化中的民为邦本思想、"中庸"思维、整体性思维、入世求实观念等都在中国式现代化建设中得到创造性运用和

---

[1] 《牢记历史经验历史教训历史警示 为国家治理能力现代化提供有益借鉴》，《人民日报》2014 年 10 月 14 日。

发展，成为中国式现代化建设的重要思想来源。"中华文明绵延数千年，有其独特的价值体系。中华优秀传统文化已经成为中华民族的基因，植根在中国人内心，潜移默化影响着中国人的思想方式和行为方式。"①中国式现代化坚守中华文化血脉，立足当代中国现实，不断从中华优秀传统文化中汲取治国理政智慧，实现了中华文化的创造性转化、创新性发展。

第三，历久弥坚的民族精神构筑了充沛力量。"文化自信，是更基础、更广泛、更深厚的自信，是更基本、更深沉、更持久的力量。坚定文化自信，是事关国运兴衰、事关文化安全、事关民族精神独立性的大问题。"②习近平总书记概括的中华民族伟大的创造精神、伟大的奋斗精神、伟大的团结精神、伟大的梦想精神，赋予了伟大民族精神以新的时代内涵。③中国人在现代化的发展中始终坚守自己的精神世界，即便在最艰难的救亡图存年代，中国人始终顽强抗争，在很大程度上是因为中华优秀传统文化构筑起的精神家园。一方面，传承优秀传统文化为中国式现代化提供了取之不尽、用之不竭的精神动力；另一方

---

① 《习近平谈治国理政》第一卷，外文出版社 2018 年版，第 170 页。

② 《习近平谈治国理政》第二卷，外文出版社 2017 年版，第 349 页。

③ 参见习近平：《在第十三届全国人民代表大会第一次会议上的讲话》，《人民日报》2018 年 3 月 21 日。

面，中国式现代化在历史与当代的交融中，以通俗易懂、喜闻乐见的方式使中华优秀传统文化重新绽放出时代的光芒和思想的魅力，最为集中而深刻地彰显了中华文化的民族风范与精神实质，也大大提振了中华民族的文化自信。

第六个问题

如何理解中国式现代化与小康社会的关系？

改革开放和社会主义现代化建设时期，以邓小平同志为主要代表的中国共产党人领导开辟了中国特色社会主义道路，创造性地使用了小康社会描绘中国现代化战略目标，明确了社会主义现代化发展的重要方向与目标。由此，建设小康社会成为改革开放以来中国式现代化建设的重要阶段。我们可以从多个层面理解小康社会的提出与中国式现代化的关系。

第一，小康社会与中华传统文化。"小康"一词有着深厚的历史与文化渊源。《诗经》中有"民亦劳止，汔可小康"的诗句。在这里，"小康"主要代表了百姓的生活状态，体现了古代先民对美好社会生活向往的朴素表达。在中华文化的传承与演变中，小康逐渐由朴素的生活状态转化为儒家对社会状态的描述，表达了一个百姓安居乐业、社会安定平稳的社会发展阶段，蕴含着浓厚的民生思想。中华传统文化中的小康思想为"小康社会"的形成提供了思想素材，奠定了文化基础。

第二，小康社会与"四个现代化"战略目标。新中国成立初期，以毛泽东同志为主要代表的中国共产党人明确提出"四个现代化"建设目标，即"把我国建设成为一个农业现代化、工业现代化、国防现代化和科学技术现代化的伟大的社会主义国家"[①]。"四个现代化"成为社会主义现代化建设初期发展的重要目标，引领着一系列社会主义建设成就。党的十一届三中全会之后，以邓小平同志为主要代表的中国共产党人作出把党和国家工作中心转移到经济建设上来、实行改革开放的历史性决策，创造性地提出了"小康"建设目标，指出"我们的四个现代化的概念"是"小康之家"。可以看出，在推进社会主义现代化的过程中，小康社会不仅是对我国传统思想中小康概念的创造性转化，而且是对"四个现代化"战略目标的继承与发展，是与我国的现代化建设结合在一起，在改革开放和社会主义现代化建设新时期对现代化任务的进一步明确。

第三，小康社会与中国式现代化。小康社会的正式

---

① 《建国以来毛泽东文稿》第十册，中央文献出版社1996年版，第346页。

提出是在 1980 年的中央经济工作会议上。邓小平在会上指出："经过二十年的时间，使我国现代化经济建设的发展达到小康水平，然后继续前进，逐步达到更高程度的现代化。"[①]1982 年，党的十二大首次将"小康"确定为总的奋斗目标与行动纲领。党的十二大到党的十三大时期，邓小平围绕小康社会发表了系列讲话，逐渐明确了小康社会的内涵与目标。1984 年，邓小平同志会见日本首相中曾根康弘时说："翻两番，国民生产总值人均达到八百美元，就是到本世纪末在中国建立一个小康社会。这个小康社会，叫做中国式的现代化。"[②]1987 年，党的十三大明确提出"三步走"现代化发展战略。"三步走"发展战略的第二步正是到 20 世纪末，使国民生产总值再增长一倍，人民生活达到小康水平。党的十三届七中全会进一步明确了小康社会的内涵："所谓小康水平，是指在温饱的基础上，生活质量进一步提高，达到丰衣足食。这个要求既包括物质生活的改善，也包括精神生活的充实；既包括居民个人消费水平的提高，也包括社会福利和劳动环境的改善。"[③]小康社会实质上是我国社会主义建设的一个重要阶

---

① 《邓小平文选》第二卷，人民出版社 1994 年版，第 356 页。
② 《邓小平文选》第三卷，人民出版社 1993 年版，第 54 页。
③ 中共中央文献研究室编：《十三大以来重要文献选编》（中），人民出版社 1991 年版，第 1401 页。

段，意味着生产力不断发展、综合国力不断增强、社会不断进步的发展过程。在此意义上，小康社会代表了中国式现代化进程中的一个重要阶段，也是中国式现代化形成和发展的必经阶段。

第四，"全面建设小康"与中国式现代化的推进。自邓小平提出小康社会概念后，小康成为我国改革开放发展过程中的主轴与中心任务。20世纪90年代至21世纪初，我国社会主义现代化建设事业快速发展，实现了人民生活由温饱到小康的历史性跨越。随着"总体小康"的达成，以江泽民同志为主要代表的中国共产党人在党的十六大宣告开启全面建设小康社会，并从经济、政治、文化、可持续发展"四位一体"的角度阐释了全面建设小康的内涵。2007年的党的十七大，以胡锦涛同志为主要代表的中国共产党人明确了全面建设小康的目标，即"成为工业化基本实现、综合国力显著增强、国内市场总体规模位居世界前列的国家，成为人民富裕程度普遍提高、生活质量明显改善、生态环境良好的国家，成为人民享有更加充分民主权利、具有更高文明素质和精神追求的国家，成为各方面制度更加完善、社会更加充满活力而又安定团结的国家，成为对外更加开放、更加具有亲和力、为人类文明作出更大贡献的国家"①。全面建设小康实际上代表了中国式现代化发展的新阶段，意味着加快推进社会主义现代化成为现实。

第五，"全面建成小康社会"与中国式现代化发展新境界。党的十八大以来，以习近平同志为核心的党中央提出全面建成小康社会新的目标，以新时代中国特色社会主义伟大实践取得了全面建成小康社会的辉煌成就。2012年，党的十八大明确提出"全面建成小康社会"的战略目标。2017年，党的十九大报告指出，"从现在到2020年，是全面建成小康社会决胜期"，并就全面建成小康社会作出了系列战略部署，明确提出分两步走在本世纪中叶建成富强民主文明和谐美丽的社会主义现代化强国。2020年，决胜全面建成小康社会取得决定性成就。2021年，习近平总书记在庆祝中国共产党成立一百周年大会上向世界庄严宣告，经过全党全国各族人民持续奋斗，我们实现了第一个百年奋斗目标，在中华大地上全面建成了小康社会。至此，全面建成小康社会构筑了中国式现代化进程中的一座里程碑，标志着社会主义现代化建设达到了新高度。党的十九届五中全会昭示，乘势而上开启全面建设社会主义

---

① 中共中央文献研究室编：《十七大以来重要文献选编》（上），中央文献出版社2009年版，第16页。

现代化国家新征程、向第二个百年奋斗目标进军，首次把"全体人民共同富裕取得更为明显的实质性进展"作为远景目标提出来。习近平总书记指出："打赢脱贫攻坚战，全面建成小康社会，为促进共同富裕创造了良好条件。"[①]随着全面建设社会主义现代化国家与扎实推进共同富裕，中国式现代化必将达到新境界。

[①]　习近平：《扎实推动共同富裕》，《求是》2021 年第 20 期。

第七个问题

中国式现代化道路与中国特色社会主义道路是什么关系？

道路决定命运。新中国成立 70 年多来的社会主义现代化建设和改革实践，成功探索出了一条符合中国国情的中国特色社会主义道路。这条道路是中国共产党带领中国人民在社会主义建设和改革实践中开拓出来的，是区别于西方的现代化道路，是中国式现代化道路。中国式现代化与西方现代化的根本区别在于，中国式现代化是社会主义现代化，必须坚持社会主义方向，坚持走中国特色社会主义道路。党的十七大报告指出："中国特色社会主义道路，就是在中国共产党领导下，立足基本国情"，"建设富强民主文明和谐的社会主义现代化国家"①，这为中国式现代化

---

① 《中国共产党第十七次全国代表大会文件汇编》，人民出版社 2007 年版，第 11 页。

指出了具体的发展道路。

在现代化的领导力量上，中国式现代化道路强调中国特色社会主义的本质特征是中国共产党的领导。中国特色社会主义最本质的特征是中国共产党的领导，中国特色社会主义制度的最大优势是中国共产党的领导。党的领导是党和国家的根本所在、命脉所在，是全国各族人民的利益所在、幸福所在。加强党的全面领导，从根本上关乎中国式现代化的根本方向和前途命运。在省部级主要领导干部学习贯彻党的十九届五中全会精神专题研讨班开班式上，习近平总书记强调要加强党对社会主义现代化建设的全面领导，要求推动党对社会主义现代化建设的领导在职能配置上更加科学合理、在体制机制上更加完备完善、在运行管理上更加高效，为加强党对社会主义现代化建设的全面领导提出了明确要求和根本遵循。

在现代化的战略布局上，中国式现代化道路强调坚持"四个全面"的战略布局。"四个全面"战略布局是坚持把马克思主义基本原理同中国具体实际相结合，探索社会主义建设规律、中国式现代化新道路的理论结晶，是新时代坚持和发展中国特色社会主义的实践探索和理论创新的最新成果，是中国特色社会主义的战略布局，也是中国式现代化的战略布局。站在新的历史起点上，"四个全面"战略布局是整体推进中国特色社会主义事业和中国式现代化的战略谋划，确立了新形势下党和国家各项工作的战略方向、重点领域、主攻目标，是抓住突出问题带动中国特色社会主义全局和现代化建设实现战略突破，在把握中国特色社会主义事业全局和现代化建设中推进各项工作的生动体现。

在现代化的总体布局上，中国式现代化道路强调坚持"五位一体"的总体布局。中国式现代化总体布局是从经济现代化过渡到了全面现代化，再到全面协调各类现代化；从单一的追求经济现代化，到开始涉及不同领域的现代化，从而使得中国进入 21 世纪的时候，全面推进、全面协调我们的现代化。从这个视角来看，中国的"五位一体"现代化已经超越了以经济现代化、物质现代化为标志的西方现代化，体现了经济建设、政治建设、社会建设、文化建设和生态文明建设的辩证统一。

在现代化的基本制度上，中国式现代化道路强调坚持和完善社会主义基本经济制度。在中国式现代化的探索中，形成了"公有制为主体、多种所有制经济共同发展"、"按劳分配为主体、多种分配方式并存"和"社会主义市场经济体制"在内的社会主义基本经济制度。不断坚持和完善社会主义基本经济制度是中国式现代化取得巨大成功的重要保障。从理论逻辑看，社会主义基本经济制度新概括的三项基本内容是一个有机整体，不仅规定了中国基本经济制度的社会主义属性，而且从基本制度层面规范了经济体制改革要长期坚持的社会主义市场经济方向，对于构建新发展格局以及推进国家治理现代化具有重要指导意义和深远影响。

第八个问题

中国式现代化与马克思主义理论是什么关系?

中国式现代化旗帜鲜明地以马克思主义理论为指导,其理论逻辑始终与马克思主义理论密切联系在一起,不仅表现为对马克思主义理论的深刻认识与充分把握,还体现在运用马克思主义理论的科学方法解决实际问题、指导现代化探索,更展现为在"两个结合"中推动马克思主义理论的创新与创造,实现马克思主义理论在中国的继往开来与开拓创新。

第一,从理论认识角度而言,马克思主义理论对资本主义现代化本质的揭示为中国式现代化奠定了重要理论基础。马克思通过历史唯物主义建构与政治经济学批判,深刻觉察了资本逻辑运动规律,充分认识了资本文明所带来的进步与破坏,是关于资本现代性本质最为深刻的揭露。

首先，马克思主义世界历史理论印证了现代化在全球展开的必然性。马克思指出，"各民族的原始封闭状态由于日益完善的生产方式、交往以及因交往而自然形成的不同民族之间的分工消灭得越是彻底，历史也就越是成为世界历史"①。建立于唯物史观之上，世界历史的形成与发展正是由于生产方式的变革，特别是生产的普遍发展以及世界交往的普遍发展。在此基础之上，马克思特别强调人类社会必然由封闭的民族历史转变为联系的世界历史，现代化由此必然在世界范围内展开的趋势。其次，马克思主义指出了资本主义的全球拓展的根源在于以机器大工业为代表的资本主义生产方式在世界范围内的扩张。大工业"创造了交通工具和现代的世界市场，控制了商业，把所有的资本都变为工业资本，从而使流通加速（货币制度得到发展）、资本集中"②。机器大工业的内在发展不仅需要在世界范围内获取原料、劳动力，而且必然要求在世界范围内进行市场拓展，从而具有不断开拓世界市场的内在动力。由此，世界历史与世界市场密切联系，根源于资本主义生产方式的全球拓展，资本的世界扩张是各国必须面对的问题。最后，马克思主义确认了资本主义为世界人民带来了进步

第八个问题 中国式现代化与马克思主义理论是什么关系？

---

① 《马克思恩格斯文集》第一卷，人民出版社2009年版，第540—541页。
② 《马克思恩格斯文集》第一卷，人民出版社2009年版，第566页。

事物的同时，也造成了极为沉重的苦难。马克思恩格斯在《共产党宣言》中指出："资产阶级在它的不到一百年的阶级统治中所创造的生产力，比过去一切世代创造的全部生产力还要多，还要大。"[①] 资本主义的拓展实现了与以往截然不同的生产方式，创造了庞大的生产力与丰富的物质产品，为整个社会创造了宽广的自由时间。但是，这些物质产品与自由时间仅为少数人享有，表现为少部分资产阶级享有的自由时间源于广大劳动者的全部时间转化为了劳动时间。在此情况下，工人阶级的劳动被异化，而且通过劳动创造的价值都为资产阶级所占有。不仅如此，资本主义还造成了人与自然的对立、人与社会的对立以及人与人的对立等，造就了"分裂为两级"的必然趋势。由上可知，马克思主义理论已经揭示了现代化全球拓展的必然性，指出了各民族不可避免地卷入世界历史的事实。同时，马克思主义也深刻地指出了资本主义现代化的积极与消极的两面影响，为理解和把握资本主义现代化提供了充分的理论支持。

第二，从理论运用角度而言，马克思主义理论科学方法为中国式现代化道路的形成和拓展奠定了方法准备。一方面，中国式现代化道路的开辟离不开辩证唯物主义的

---

① 《马克思恩格斯文集》第二卷，人民出版社 2009 年版，第 36 页。

科学运用。在新中国初期对社会主义道路的探索过程中，毛泽东既承认了原理的普遍性，又指出了原理运用的特殊性，认为"基本原理各国是一样的，但运用起来不同，表现形式应该是各种各样的"①。毛泽东认识到，中国社会主义道路和制度应有其特殊性，不可一切照抄苏联，指出："不可能设想，社会主义制度在各国的具体发展过程和表现形式，只能有一个千篇一律的格式。我国是一个东方国家，又是一个大国。因此，我国不但在民主革命过程中有自己的许多特点，在社会主义改造和社会主义建设的过程中也带有自己的许多特点，而且在将来建成社会主义社会以后还会继续存在自己的许多特点。"②另一方面，中国式现代化道路的开辟是对历史唯物主义的重要发挥。马克思以历史唯物主义研究东方社会的结构、发展道路和规律时，得出了东方社会可以实现不同于西方社会发展道路的重要结论，即东方社会理论。马克思在《给〈祖国纪事〉杂志编辑部的信》中指出，不可以将其关于西欧资本主义起源的历史概述为一切发展道路的历史哲学理论，强调不仅俄国社会发展具有特殊的可能性，每个民族的发展都具

---

① 中共中央文献研究室编：《建国以来重要文献选编》第九册，中央文献出版社 1994 年版，第 6 页。

② 《建国以来毛泽东文稿》第六册，中央文献出版社 1992 年版，第 143 页。

有特殊的道路。更进一步，马克思在回答俄国女革命家维·伊·查苏利奇对俄国农村公社发展前途的询问时，提出了"跨越资本主义卡夫丁峡谷"的重要理论。马克思指出，俄国公社具有鲜明的二重性，即同时存在着私有制与公有制的因素。基于公社的二重性以及一定的条件，马克思认为俄国"有可能不通过资本主义制度的卡夫丁峡谷，而占有资本主义制度所创造的一切积极的成果"[①]。可以看出，晚年马克思提出了经济文化落后的东方国家有可能不经过资本主义的发展阶段而走上社会主义道路的重要设想，为东方国家摆脱落后局面提供了重要理论支撑。基于马克思主义科学理论，列宁成功实践了社会主义理论从而领导俄国革命走向胜利，第一次在经济文化落后的国家建立起了社会主义国家，实现了科学社会主义从理论到现实的重要跨越。马克思的东方社会理论以及列宁所领导革命的成功实践，从理论和实践相结合的角度为不发达国家走向现代化指明了另一条道路，特别是为中国式现代化道路的探索提供了重要理论支撑。

第三，从理论发展角度而言，马克思主义中国化理论成果的创新与创造贯穿于中国式现代化道路的形成和发展过程。中国式现代化道路的探索历程是一部持续推进

---

① 《马克思恩格斯文集》第三卷，人民出版社 2009 年版，第 578 页。

马克思主义中国化的历史，更是一部不断推进理论创新、进行理论创造的历史。首先，中国式现代化道路的开辟表现为以中国实际为中心推进马克思主义中国化。早在1938年党的扩大的六届六中全会上，毛泽东就提出了"马克思主义中国化"的重要概念与命题。新中国成立后，在探索社会主义现代化道路时，以毛泽东同志为主要代表的中国共产党人得出了"最重要的是要独立思考，把马列主义的基本原理同中国革命和建设的具体实际相结合"①进行"第二次结合"的深刻感悟。伴随着对中国社会主义建设道路的艰辛探索，邓小平提出"走自己的道路，建设有中国特色社会主义"，从中国社会主义道路的探索意义上实现了马克思主义中国化视野的开拓。其次，中国式现代化道路的开辟伴随着马克思主义中国化的理论飞跃。在推进马克思主义中国化的理论使命的指引下，形成了以毛泽东思想的产生为标志的马克思主义中国化的第一次历史性飞跃。在中国特色社会主义道路的开创过程中，形成了理论与实践的深层次活动，促使了马克思主义中国化第二次理论飞跃，形成了中国特色社会主义理论体系。党的十八大以来，中国现代化事业进入新阶段，习近平新时代中国特

---

① 《毛泽东年谱（1949—1976）》第二卷，中央文献出版社2013年版，第557页。

色社会主义思想以一系列新思想、新理念、新判断成为中国式现代化道路的科学指引与理论指南，实现了马克思主义中国化的又一次飞跃。最后，中国式现代化道路的开辟表现为以马克思主义中国化伟大理论成果指明前进方向的过程。毛泽东思想回答了中国革命的一系列基本问题，探索了在社会主义革命与建设时期马克思主义中国化的特殊路径，实现了中华民族从积贫积弱到"站起来"的伟大历史成就。在中国特色社会主义理论体系的指引下，中国人民开启了从"站起来"到"富起来"的伟大征程。作为新时代马克思主义中国化伟大理论成果，习近平新时代中国特色社会主义思想从理论和实践上为科学社会主义注入新内涵，在系列重大实践问题上开辟了治国理政新境界，在中华民族强起来的历程中发挥着引领性作用，指引着中国的现代化事业开启新阶段、新征程。

第九个问题

● ● ●

中国式现代化与国家治理体系和治理能力现代化是什么关系？

以制度治党治国，不断推动国家治理体系和治理能力现代化，是我们党带领全国人民建设现代化长期不懈探索的重大课题。国家治理体系和治理能力现代化是一个国家制度和制度执行能力的集中体现，也是一个国家现代化的核心内容和必然要求。在中国式现代化道路的不断探索中，中国共产党始终在丰富深化社会主义现代化的内涵，逐渐认识到推进国家治理体系和治理能力现代化既是坚持和发展中国式现代化的必然要求，也是实现中国式现代化的题中应有之义。中国特色社会主义制度是国家政治制度、经济制度、社会制度的综合体现，统领国家顶层制度体系。国家治理体系是在党领导下管理国家的制度体系，包括经济、政治、文化、社会、生态文明和党的建设等各领域体制机制、法律法规安排，也就是一整套紧密相连、相互协调的国家制度；国家治理能力则是运用国家制度管理社会各方面事务的能力，包括改革发展稳定、内政外交国防、治党治国治军等各个方面。

随着改革开放逐步深化，我们党对制度建设的认识越来越深入。1980年，邓小平在总结"文化大革命"的教训时就指出："领导制度、组织制度问题更带有根本性、全局性、稳定性和长期性。"[①]进入新时代，中国从战略高度谋划国家治理体系和治理能力现代化问题，党的十八届三中全会首次提出"国家治理体系和治理能力现代化"这个重大命题；党的十九大提出了分两个阶段实现国家治理体系和治理能力现代化的目标；党的十九届四中全会站在新发展阶段的历史方位上，从全面建设社会主义现代化国家的战略需要出发，对国家治理体系和治理能力现代化进行全面部署，从而在整体上制定了国家治理现代化的发展战略。这在党的历史上是第一次，具有里程碑意义，体现了以习近平同志为核心的党中央高瞻远瞩的战略眼光和强烈的历史担当，彰显了我们党坚定的制度自信和全面建设社会主义现代化国家的高度自觉。

中国式现代化强调治理体系现代化和治理能力现代

[①]《邓小平文选》第二卷，人民出版社1994年版，第333页。

化，体现了治理体系和治理能力的辩证统一。一方面，国家治理现代化既是国家制度建设的过程，也是国家治理体系完善的过程。《中共中央关于坚持和完善中国特色社会主义制度　推进国家治理体系和治理能力现代化若干重大问题的决定》指出："我国国家治理一切工作和活动都依照中国特色社会主义制度展开，我国国家治理体系和治理能力是中国特色社会主义制度及其执行能力的集中体现。"[①]中国特色社会主义制度是国家政治制度、经济制度、社会制度的综合体现，统领国家顶层制度体系；国家治理体系和治理能力现代化是改革发出的新号角，治理能力的先进性和有效性体现为国家积极提升其在政治、经济、社会、文化、生态文明和党的建设这六大方面的治理能力。国家制度建设的首要问题是构建系统完备、科学规范、运行有效的国家治理体系。推进国家治理现代化，前提是在理论上认清国家制度建设与国家治理体系完善之间的内在统一关系，在实践上把握好国家制度建设与国家治理体系完善之间的辩证互动关系。国家治理体系是随着时代和实践的发展而不断变动与发展的。国家治理体系的完善是一个永无止境的发展过程，实现国家治理现代化是当今世界

[①]《中国共产党第十九届中央委员会第四次全体会议文件汇编》，人民出版社 2019 年版，第 18 页。

各国的普遍要求。

另一方面，国家制度建设和完善内含国家治理体系现代化和治理能力现代化的双重逻辑。国家治理本质上表现为国家制度建设，而国家制度建设包含国家治理体系建设和国家治理能力提高两个维度。国家治理体系和治理能力是一个相辅相成的有机整体，有了好的国家治理体系才能真正提高治理能力，提高国家治理能力才能充分发挥国家治理体系的效能。作为治理体系核心内容的制度，其作用具有根本性、全局性、长远性，但是没有有效的治理能力，再好的制度和制度体系也难以发挥作用。国家治理体系建设重在构建一整套相互衔接、相互促进的制度体系，而国家治理现代化重在将国家治理体系的优势转化为治理效能，提高制度建设服务经济社会发展的能力。治理体系与治理能力既是结构与功能的关系，也是硬件与软件的关系。治理体系从根本上决定了治理能力的内容和结构，是治理能力提升的前提和基础，而治理能力的提升又将促进治理体系效能的充分发挥。

第十个问题

中国式现代化与全面建设社会主义现代化国家是什么关系？

改革开放之后，我们党对我国社会主义现代化建设作出战略安排，提出"三步走"战略目标。解决人民温饱问题、人民生活总体上达到小康水平这两个目标已提前实现。在这个基础上，2020 年在中华大地上全面建成了小康社会，2021 年开启全面建设社会主义现代化国家新征程。可见，"全面建设社会主义现代化国家"是继"小康式现代化"之后的第二个发展阶段，是不同于"小康式现代化"的高阶形态。全面建成小康社会之后也就是开启全面建设社会主义现代化国家新征程的起点。

"全面建设社会主义现代化国家"是对以往现代化建设的全面总结和提升。新中国成立后，我们党团结带领人民创造性完成社会主义改造，确立社会主义基本制度，大规模开展社会主义现代化建设，实现了从社会主义革命到社会主义建设的历史性跨越。进入历史新时期，我们党带领人民进行改革开放新的伟大革命，极大激发广大人民群众的积极性、主动性、创造性，成功开辟了中国特色社会主义道路，使中国大踏步赶上时代，实现了社会主义现代化进程中新的历史性跨越，迎来了中华民族伟大复兴的光明前景。今天，我们续写全面建设社会主义现代化国家新的历史。全面建设社会主义现代化国家标志着社会主义现代化建设进入新的历史方位，是对以往现代化建设的继承、发展和超越，是在中国共产党领导下，努力实现人口和经济规模巨大的现代化、全体人民共同富裕的现代化、物质文明和精神文明相协调的现代化、中华文化传承和中华文明光大的现代化、国家治理体系和治理能力的现代化、人与自然和谐共生的现代化以及走和平发展道路的现代化，这成为时代发展最鲜明的标识。

"全面建设社会主义现代化国家"是对现代化建设机遇与挑战的全面把握。全面建设社会主义现代化国家将面临着新机遇、新挑战，"两个大局"构成了我国进入全面建设社会主义现代化国家新征程的基本要素，面临跨越"中等收入陷阱"和"第二大经济体陷阱"的巨大考验。当前和今后一个时期，我国发展仍然处于重要战略机遇期，但机遇和挑战都有新的发展变化。我们要增强忧患意识，坚持底线思维，保持战略定力，全面做强自己，有效应对复杂的国内外发展形势，在危机中育先机、于变局中开新局，创造新的更大奇迹。

"全面建设社会主义现代化国家"是对现代化建设目标的全面追求和实现。全面建设社会主义现代化国家开启了我国社会主义实践和中国式现代化后半程的新阶段、新征程，全方位、多领域、高水平建设富强民主文明和谐美丽的社会主义现代化强国成为我们新的目标和任务。囿于经济社会发展基本规律和客观条件的限制，我国社会主义现代化建设还存在着不少短板和弱项，各地区、各领域之间发展还不平衡。在中国式现代化建设后半程，既要对以往现代化建设予以继承和超越，又要对现代化建设新目标进行全面设定和追求，全方位、多领域、高水平地建设社会主义现代化国家。

"全面建设社会主义现代化国家"是对社会主义初级阶段的全面跃升。全面建设社会主义现代化国家是新时代发展历程的必然接续，是指向社会主义的更高发展阶段，是对社会主义初级阶段的全面跃升。"辨方位而正则"。社会主义初级阶段是我们党对我国社会主义现代化建设所处的发展阶段、发展条件的科学判断，是指导我们制定正确路线、方针、政策的基石。但社会主义初级阶段是一个动态、积极有为、始终洋溢着蓬勃生机活力的过程，是一个阶梯式递进、不断发展进步、日益接近质的飞跃的量的积累和发展变化的过程。全面建设社会主义现代化国家，既是社会主义初级阶段我国发展的要求，是经济社会发展到一定阶段发生的必然历史性飞跃，也是我国社会主义从初级阶段向更高阶段迈进的要求，明确了新发展阶段在更宏大历史背景中的坐标，为我们理解新发展阶段的历史使命提供了依据。

第十一个问题

怎样把握中国式现代化与新发展格局、新发展理念、新发展阶段的关系？

当前，我国开启了全面建设社会主义现代化国家的新征程，到 2035 年基本实现社会主义现代化远景目标，到本世纪中叶把我国建成富强民主文明和谐美丽的社会主义现代化强国。在新征程中，中国致力于实现全面高质量现代化，需要牢牢把握三个"新"的要义，即新发展阶段、新发展理念、新发展格局。

新发展阶段，就是我国在全面建成小康社会、实现第一个百年奋斗目标后，开启全面建设社会主义现代化国家新征程、向第二个百年奋斗目标进军的新发展阶段。新发展阶段明确了我国现代化的历史方位，这是中华民族伟大复兴历史进程的大跨越。强调在危机中育先机、于变局中开新局。新冠肺炎疫情能否随疫苗的广泛接种而有所缓解甚至消除具有不确定性，经济全球化遭遇逆流，单边主义、保护主义、霸权主义对世界和平与发展构成威胁，诸如此类的国际国内经济环境变化可能会对中国式现代化产生影响。"十四五"时期是开启全面建设社会主义现代化国家新征程、向第二个百年奋斗目标进军的第一个五年，新发展阶段的大挑战、新挑战也孕育着大机遇、新机遇，多年以来的发展形成了显著的制度优势、攀升的治理效能、长期向好的经济、雄厚的物质基础、丰富的人力资源、广阔的市场空间、强劲的发展韧性和稳定的社会大局，这也是中国式现代化育先机、开新局的基础。

新发展理念，即创新、协调、绿色、开放、共享的新发展理念，是中国式现代化的指导原则。中国式现代化强调坚持创新、协调、绿色、开放、共享的新发展理念，体现了创新发展、协调发展、绿色发展、开放发展、共享发展的辩证统一。理念是行动的先导，一定的发展实践都是由一定的发展理念来引领的。新发展理念的提出，郑重回答了中国式现代化"实现什么样发展、怎么样发展、为谁发展"的重大理论和实践问题，是新时代党和国家发展理论与时俱进的重大创新，体现了我们党对社会主义现代化建设和改革开放发展经验的集中总结，标志着我们党对经济社会发展趋势和发展规律的认识达到了新的高度，是我国经济社会发展必须长期坚持的重要遵循和指导方针，引领和推动我国现代化建设全局发生历史性变革、取得历史性成就。新发展理念是一个系统的理论体系，回答了关于发展的目的、动力、方式、路径等一系列理论和实践问题，阐明了我们党关于发展的政治立场、价值导向、发展模式、发展道路等重大政治问题。新发展理念主旨相通、目标指向一致，既各有侧重又相互支撑，构成了一个系统化的内在逻辑体系。一方面，要深刻认识创新、协调、绿色、开放、共享的彼此区别和内在联系。创新注重解决发展动力问题，是引领发展的第一动力；协调注重解决发展不平衡问题，是持续健康发展的内在要求；绿色注重解决人与自然和谐共生问题和人民对美好生活的追求，是永续发展的必要条件；开放注重解决发展内外联动问题，是国家繁荣发展的必由之路；共享注重解决社会公平正义问题，是中国特色社会主义的本质要求。另一方面，又要将五大发展理念当作"一个理念"、一个集合体来认识。与此相应，在实践中贯彻落实新发展理念，务必树立全面系统的思维方式，突出发展的系统性、整体性、协同性，充分考虑不同地区、不同行业、不同群体对发展的个性化、差异化诉求，按照新发展理念的整体性和关联性进行系统设计，与"五位一体"总体布局相辅相成，与"四个全面"战略布局相得益彰。

新发展格局，即构建以国内大循环为主体、国内国际双循环相互促进的新发展格局，是中国式现代化的实现路径选择。加快构建新发展格局明确了我国实现现代化的路径选择，深刻揭示了在全球经济低迷期中国有效应对新冠肺炎疫情冲击的基本途径，以及未来较长时期中国经济高质量发展的战略选择，是党中央根据我国发展阶段、环境、条件变化作出的战略决策，是应对新发展阶段机遇和挑战的经济战略，贯彻新发展理念、与时俱进提升我国经济发展优势的战略抉择。中国式现代化新道路强调构建国内国际双循环相互促进的新发展格局，体现了国内循环和国际循环的辩证统一。构建双循环新发展格局强调两个循环的内在关联性和根本一致性，更加重视两个循环的平衡和协调，把国内国际循环统筹起来，形成相互促进、彼此支撑、融合发展的新发展局面。一方面，充分发挥超大规模市场优势和积极提高内需潜力，加快构建以内需体系、市场体系、产业体系为主体框架的国内循环体系，这是构建双循环新发展格局的关键和主体工程。新发展格局着眼于我国长远发展和长治久安，必然要求实现高水平自立自强，将创新主动权、发展主动权牢牢掌握在自己手中，实现国民经济体系高水平的完整性，提升供给体系的创新力、关联性，解决各类"卡脖子"和瓶颈问题。另一方面，积极应对国际经济格局变化和挑战，秉持开放合作共赢的发展理念，推动构建人类命运共同体，加快构建以新型国际产业体系、新型国际贸易体系、新型国际货币体系、新型国际标准体系、新型国际治理体系为主要支柱的国际循环体系，这是构建新发展格局的重要环节。

第十二个问题

如何理解中国式现代化以人民为中心的根本逻辑？

在现代化的本质上，中国式现代化强调现代化的本质是人的现代化，坚持以人民为中心的根本逻辑。具体而言，中国式现代化坚持"以人民为中心"的发展思想，强调现代化的本质是人的现代化，以此规定了中国式现代化的本质特征、基本原则和根本动力。

第一，从现代化发展目标而言，中国式现代化坚持推动人的现代化、致力于实现人的全面发展。中国式现代化不仅承载着社会整体现代化建设的时代重任，同时也承载着持续推进人的现代化、促进人的全面发展的历史使命。习近平同志在《之江新语》中指出："人，本质上就是文化的人，而不是'物化'的人；是能动的、全面的人，而不是僵化的、'单向度'的人。"①中国式现代化强调经济效益和社会效益的统一、市场价值和社会价值的统一，以实现最大多数人的根本利益为目标，以保障和改善民生为重点，切实保障全体人民更高层次的需求，不断提高人民群众的获得感，在实现人的现代化的过程中实现社会整体现代化。中国式现代化确立的人民主体的价值追求与马克思关于人的全面发展学说本质相通，是对无产阶级作为解放主体这一马克思主义解放思想的再次确认和创造性发展，更是我们党"全心全意为人民服务"根本宗旨的生动体现。

第二，从现代化发展动力而言，中国式现代化坚持发展依靠人民，激发最广大人民的积极性、主动性、创造性。马克思主义认为，人是社会实践的主体，既被现实社会所塑造，又在推动社会进步中实现自身发展。建设什么样的现代化、实现什么样的目标，人是决定性因素。社会整体现代化离不开人的现代化，人的现代化是社会整体现代化的核心内容，人既是现代化实践主体，也是现代化价值主体。要言之，尊重人民主体地位，发挥人民首创精神，在中国式现代化的历史进程中发挥着重要作用。因此，凝聚人心、完善人格、开发人力、培育人才、造福人

---

① 习近平：《之江新语》，浙江人民出版社 2007 年版，第 150 页。

民，不断提高人的思想道德和科学文化素质，培养德智体美劳全面发展的社会主义建设者和接班人，既是我国现代化建设的终极目的，也是我国实现现代化的依托。

第三，从发展结果而言，中国式现代化坚持成果由全体人民共享，使现代化发展成果更多更公平惠及全体人民。共享发展不是抽象的概念，而是中国式现代化进程中的切实行动。中国式现代化强调改革收入分配制度，扩大中等收入群体，构建合理有序的收入分配格局，优化收入分配结构；强调公共服务的普惠性、均等化和共享水平，致力于推动基本公共服务均等化；强调教育公平，保障每个人平等接受教育，让人人都有人生出彩的机会等。换言之，共享发展不仅是中国式现代化以人民为中心根本逻辑的理念落实，还构成了检验中国式现代化的根本价值尺度和思想遵循。

反观西方发展进程，以人民为中心的根本逻辑与西方现代化道路所展现出的以资本为中心的根本逻辑（资本逻辑）形成了鲜明对比。资本逻辑强调人与人的关系、人与物的关系、人与自然的关系等都要服从资本这个逻辑中心。马克思在研究资本主义时曾以"普照的光"和"特殊的以太"形容资本，认为资本在具体的社会经济关系中发挥着决定性作用。资本作为资本主义社会构建的中心，不仅确立了以攫取剩余价值为目的的资本主义生产，形成了以支配生产关系为表现形式的经济权力，还以经济权力扩散至政治、文化等各领域，按照资本要求规定了社会存在的具体表现形式，改变着总体中其他一切因素存在的色彩和比重。以资本为中心的社会绝不可能实现普遍的富裕，必然表现为"分裂为两级"长期存在的事实。可以看出，以人民为中心的逻辑与以资本为中心的逻辑，从基本出发点到逻辑展现过程，再到所形成的结果，都有着重大差别，二者成为中国式现代化道路与西方现代化道路的根本区别，也是社会主义与资本主义的明显分水岭。

第十三个问题

为什么说社会主义性质是中国式现代化的根本属性？

中国式现代化坚持以中国特色社会主义道路推进现代化建设事业，社会主义决定了中国式现代化的性质与方向。习近平总书记指出："中国特色社会主义，既坚持了科学社会主义基本原则，又根据时代条件赋予其鲜明的中国特色。这就是说，中国特色社会主义是社会主义，不是别的什么主义。"[①] 具体来说，可以从多个层面理解中国式现代化的社会主义属性。

一是坚持中国共产党的领导。从领导主体来看，我国现代化是中国共产党执政、全面领导下的现代化。中国共产党是中国工人阶级的先锋队，同时是中国人民和中

---

① 《习近平总书记系列重要讲话读本》，学习出版社、人民出版社2014年版，第14页。

华民族的先锋队，是中国特色社会主义事业的领导核心。习近平总书记指出："中国共产党始终代表最广大人民根本利益，与人民休戚与共、生死相依，没有任何自己特殊的利益，从来不代表任何利益集团、任何权势团体、任何特权阶层的利益。"[①] 正是在中国共产党的领导下，中国式现代化道路得以开辟和拓展。中国共产党的领导不仅是中国式现代化道路的重要特征，还是中国式现代化道路的显著优势。中国共产党领导是中国特色社会主义最本质的特征，是中国特色社会主义制度的最大优势，党是最高政治领导力量，也只有坚持党的领导才能协调各方、应对重大风险，推进中国式现代化伟大事业，确保现代化建设沿着正确方向发展。

二是坚持社会主义制度。从政治制度来看，中国式现代化道路确立的政治制度具有鲜明的社会主义性质。中国式现代化强调坚持党的领导、人民当家作主、依法治国有机统一，将以人民为中心的发展思想转化为制度优势，建立了人民代表大会制度、中国共产党领导的多党合作和政治协商制度、民族区域自治制度、基层群众自治制度等，着力推进国家治理体系和治理能力现代化。从经济制度来

---

① 习近平：《在庆祝中国共产党成立100周年大会上的讲话》，人民出版社2021年版，第12页。

看，中国式现代化道路具有鲜明的社会主义性质。党的十九届四中全会将公有制为主体、多种所有制经济共同发展，按劳分配为主体、多种分配方式并存，社会主义市场经济体制明确为社会主义基本经济制度。社会主义基本经济制度在各类经济制度体系中具有基础性、决定性地位，从而构成了中国特色社会主义制度的重要支柱。具体而言，这一基本经济制度对经济关系作出了基本规定，明确了人们在生产、分配、交换和消费中的地位及相互关系，从而确保了经济制度的社会主义属性，规定了中国式现代化经济运行逻辑的社会主义性质。

三是坚持社会主义方向与道路。一方面，中国式现代化始终坚持以人民为中心，致力于促进人的自由全面发展。这条原则深刻规定了中国式现代化的发展方向，体现在了中国式现代化的各阶段目标之中。从"四个现代化"建设目标到建设小康社会，从小康社会再到全面建设社会主义现代化国家，都体现了鲜明的社会主义性质。社会主义方向决定了中国式现代化走的是社会主义道路，即共同富裕的道路与和平发展的道路。党的十九大报告提出的2035年目标和2050年目标，都鲜明地体现了改善人民生活、缩小差距、实现共同富裕的要求。我国的现代化走的是共同富裕道路，是实现全体人民共同富裕的现代化。

我国的现代化致力于消除贫困、缩小"三大差距"，不断改善民生，最终实现共同富裕，是坚持以人民为中心、实现发展成果共享的社会主义的现代化。另一方面，中国式现代化不对外扩张，也不对外掠夺，而是坚持与世界各国合作共赢的方式，通过全面对外开放、加强世界合作，以共建"一带一路"促进各国共同发展。我们高举和平、发展、合作、共赢旗帜，奉行独立自主的和平外交政策，弘扬和平、发展、公平、正义、民主、自由的全人类共同价值，推动建设新型国际关系，构建人类命运共同体，为全人类的持久和平与繁荣发展作出重大贡献。

第十四个问题

如何理解中国共产党是中国式现代化的领导力量？

中国式现代化是中国特色社会主义现代化，是中国共产党领导、人民当家作主和依法治国相结合的现代化。其中，中国共产党的领导是中国特色社会主义的最本质特征和中国特色社会主义制度的最大优势，中国式现代化是以中国共产党为领导核心的现代化。这是中国式现代化道路有别于其他国家现代化的最重要特征。

在现代化的领导力量上，中国式现代化强调中国特色社会主义的本质特征是中国共产党的领导，体现了党的领导与中国特色社会主义事业的辩证统一。中国特色社会主义最本质的特征是中国共产党的领导，中国特色社会主义制度的最大优势是中国共产党的领导，这是党的十八大以来以习近平同志为核心的党中央关于中国共产党历史地位的两个全新论断。这两个科学论断深刻揭示了党的领导与中国特色社会主义的关系，反映了以习近平同志为核心的党中央对共产党执政规律、社会主义建设规律、人类社会发展规律认识的深化。

从领导力量的主体来看，坚持中国共产党的领导是由党的性质所决定。中国共产党不代表任何利益集团，只代表最广大人民根本利益，因而最有动力推动中国式现代化实现中华民族伟大复兴；也只有坚持中国共产党的领导，才能保证中国式现代化的正确方向。一方面，作为使命型政党，中国共产党始终坚守为中国人民谋幸福，为中华民族谋复兴的初心和使命，在中国式现代化的推进中贯彻初心使命。在初心使命的驱动下，中国共产党能够与时俱进、开拓创新，适应形势持续探索和不断调整中国式现代化的具体道路。另一方面，中国共产党坚持以马克思主义为指导。习近平总书记指出："中国共产党为什么能，中国特色社会主义为什么好，归根到底是因为马克思主义行！"[1]中国共产党坚持以马克思主义为指导，坚持马克思主义的立场观点方法，将马克思主义作为认识世界、改造世界的强大思想武器，在"两个结合"中创立了毛泽东思

---

① 习近平：《在庆祝中国共产党成立100周年大会上的讲话》，人民出版社2021年版，第13页。

想、邓小平理论，形成了"三个代表"重要思想、科学发展观，创立了习近平新时代中国特色社会主义思想。正是在科学理论的指导下，中国共产党团结带领中国人民开辟了中国式现代化道路，中华民族迎来了从站起来、富起来到强起来的伟大飞跃。

从中国式现代化的形成历程来看，坚持中国共产党的领导对于中国式现代化道路的形成起着决定性作用。近代以来，西方资本主义的殖民侵略使得中华民族陷入危难。在民族存亡危难之际，无数仁人志士从器物、技术、制度、思想等多方面进行了诸多现代化探索。遗憾的是，由于复杂历史原因，这些现代化尝试均以失败而告终。十月革命一声炮响，给中国送来了马克思列宁主义。1921年7月中国共产党应运而生，中国革命的面貌从此焕然一新。中国共产党团结带领中国人民，经过28年前赴后继的英勇奋斗，创造了新民主主义革命的伟大成就，为中国式现代化道路的开辟创造根本社会条件。随着社会主义革命和建设时期的推进，中国共产党以社会主义改造开启了我国现代化建设的历史征程，为中国式现代化的推进奠定根本政治前提和制度基础。进入改革开放和社会主义现代化建设时期，中国共产党领导全国各族人民最终开辟了中国式现代化道路，以中国特色社会主义道路创造了社会主义现代化上一个又一个奇迹。可以说，没有中国共产党的领导，就没有中国式现代化道路。

从科学社会主义基本原则来看，坚持中国共产党的领导是中国特色社会主义事业取得胜利的根本政治保证。从中国特色社会主义的形成发展来看，中国共产党是中国特色社会主义事业的开创者和引领者。历史和现实、理论和实践都证明：没有中国共产党的领导，就不可能有中国特色社会主义事业的开创和推进，党的领导是坚持和发展中国特色社会主义事业的根本政治保证。从践行社会主义本质的现实来看，中国共产党是团结带领全国各族人民实现社会主义的核心力量。历史证明，办好中国的事情，关键在中国共产党。

从当代中国的历史任务来看，坚持中国共产党的领导是实现"两个一百年"奋斗目标、实现中华民族伟大复兴中国梦的根本保证。实现"两个一百年"奋斗目标和中华民族伟大复兴的中国梦，必须坚持中国共产党的领导核心地位，这是由党的先进性决定的，也是在中国革命、建设、改革的长期实践中逐步形成并巩固起来的，是历史和人民的选择。从中国共产党自身特质看，中国共产党有资格有能力担当起中国特色社会主义事业领导核心的历史重任。中国共产党坚持自我革命，勇于自我革命，确保党不变质、不变色、不变味，确保党在新时代坚持和发展中国特色社会主义的历史进程中始终成为坚强领导核心。

第十五个问题

为什么说实现中国式现代化必须坚持以经济建设为中心?

自从 18 世纪以英国为代表的西方国家工业革命开启现代化的大门之后,现代化的内涵和外延不断与时俱进,但经济的基础和决定作用不曾发生任何改变。在世界历史的坐标上,中国式现代化是后发国家的现代化,蕴含着鲜明的中国特色,有着浓厚的赶超型色彩。改革开放以后,党领导全国人民扭住经济建设这个中心,推动社会主义现代化实现了历史性的跨越。历史经验启示我们:以经济建设为中心为我国实现社会主义现代化奠定了坚实的基础,推动我国实现了从站起来到富起来的飞跃。再往前走,从富起来到强起来,也就是基本实现现代化,建设社会主义现代化强国,仍需要建立在经济高质量发展的基础上,仍必须坚持以经济建设为中心。

第一，坚持以经济建设为中心具有重要意义。坚持以经济建设为中心不动摇，是决定中国现代化的全局问题，是几代中国共产党人和中国人民共同探索的成果。有观点认为，强调以经济建设为中心可能会导致忽视整个全局其他方面的工作，因此提出一些疑问，甚至主张放弃以经济建设为中心。"中心"就是相对于全局而言的，着眼的就是全局，离开全局就无所谓"中心"。从中国发展的实践来看，如果不能正确地确定"中心"，就不能够真正掌握和推动全局；如果离开经济建设这个中心，整个现代化事业的全局都会受到损害。这也就是习近平总书记特别强调"以经济建设为中心是兴国之要"的深刻原因。"文化大革命"十年内乱的教训，就在于我们背离了以经济建设为中心。总结过去的历史经验，我们痛定思痛、改革开放，推动中国特色社会主义进入新时代，取得辉煌的历史性成就，根本就在于始终坚持以经济建设为中心，这是党和国家一切工作的中心，是党的基本路线的要求，全党都要聚精会神贯彻执行。党和国家推进现代化的所有工作都要围绕这个中心，都要服从、服务于这个中心，不能脱离这个中心，更不能背离这个中心、冲击这个中心。只有中心意识突出了，才能真正纲举目张，才能避免眉毛胡子一把抓。这样讲并不是杞人忧天，在现实中确实还有不少模糊认识和错误做法。以经济建设为中心应当年年讲、月月讲、天天讲。

第二，坚持以经济建设为中心是由历史得出的重要经验教训。依据唯物史观的重要原理，社会主义的根本任务就是发展生产力，这是马克思主义经典作家的一贯思想，也符合人类社会发展规律的要求和历史现实的客观状况。中国共产党在新中国成立后，特别是在改革开放和社会主义现代化建设、新时代中国特色社会主义的伟大探索进程中，确立了以经济建设为中心的指导思想。我们坚持以经济建设为中心主要有如下原因：一是深刻反思新中国成立后探索社会主义道路，因"大跃进"运动、人民公社化运动乃至"文化大革命"违背发展规律、脱离经济发展中心而遭受的严重挫折；二是通过横向对比认识到中国与西方发达国家在生产力层面的巨大差距，同时深刻认识到社会主义本质对生产力发展的强烈要求，要赢得比资本主义更大的优越性，就必须发挥自己的制度优势，解放和发展生产力；三是改革开放之后中国取得的巨大成就的历史经验表明，开创中国特色社会主义新时代，开启全面建设社会主义现代化国家新征程，要实现从站起来、富起来到强起来的伟大飞跃，仍然需要以经济建设为中心。

第三，中国式现代化应建立在经济高质量发展基础上。党的十九大对实现第二个百年奋斗目标作出分两个阶段的战略安排：从 2020 年到 2035 年基本实现社会主义现代化；从 2035 年到本世纪中叶建成富强民主文明和谐美丽的社会主义现代化强国。这一战略安排把基本实现社会主义现代化的时间提前了 15 年，而且提升了第二个百年奋斗目标的内涵和要求。目前我国人均 GDP 超过 1 万美元，但人均 GDP 只有美国的 1/6 左右，按照购买力平价计算，也只有它的 1/4 左右。要实现中华民族的伟大复兴，我们的人均 GDP 还要大幅提高，一般认为至少要达到美国的 1/2 以上。要从 1/4 变成 1/2，唯一的办法就是加快发展，而且发展速度要比美国快，发展质量要比美国好。因此，要实现第二个百年奋斗目标，就不得不加快发展，就不得不高质量发展。要真正实现中国式现代化，保持一定的经济发展速度至关重要。要破除一种误解，就是推动经济高质量发展，经济增长速度就得降下来、就得慢一些，这种观点是片面的。如果我们真正地在新发展阶段贯彻好新发展理念，真正实现了科技创新并推动产业创新，我们就有可能抢占国际经济发展的制高点，就有可能在实现高质量发展的同时也保持较好的发展速度。也就是说，不唯GDP 不是不要 GDP，是需要高质量的 GDP，是需要保持中高速发展的 GDP。中国在未来发展中会面临不少问题，但绝不能因为有问题就放慢速度。从各国历史经验来看，每个国家都有自身的发展问题，发展快的时候有问题，但发展慢的时候通常问题会更多、更难解决，因为只有发展较快的时候才可能创造更多资源，更有可能、更具信心解决问题。

第十六个问题

· · ·

中国式现代化的实质内涵是什么？

从发展方位看，中国式现代化是中华民族伟大复兴式现代化。实现中华民族伟大复兴中国梦，是近代以来中国人民的梦想，是中华民族孜孜以求的奋斗目标，也是中国共产党不断奋斗的根本动力。中国式现代化道路是走向中华民族伟大复兴的现代化道路。中国的现代化建设构成了实现中华民族伟大复兴的现实路径，只有中国式现代化行稳致远才能汇聚实现民族复兴的客观基础。

从发展属性看，中国式现代化是社会主义式现代化。中国式现代化的根本性质在于社会主义属性，这也是与西方资本主义国家最显著、最根本的区别。首先，从领导主体来看，我国现代化是在中国共产党领导下的社会主义属性的现代化。中国共产党领导是中国特色社会主义最本质的特征，是中国特色社会主义制度的最大优势，党是最高政治领导力量，必须坚持把党的领导落实到社会主义现代化建设的各领域各方面各环节。其次，从奋斗目标来看，我国的现代化是实现全体人民共同富裕的现代化。我国的现代化致力于消除贫困、缩小"三大差距"，不断改善民生，最终实现共同富裕，是坚持以人为中心、实现发展成果共享的社会主义的现代化。最后，从发展道路来看，我国的现代化是走和平发展道路的现代化。社会主义属性决定了我国社会主义现代化不能走西方发达国家对内压迫剥削、对外侵略掠夺的现代化道路，而是强调在国内坚持以人民为中心，在国际上构建人类命运共同体，以实现人类最大多数群体共同发展、让更多的人享受到现代生活水平的、和平的发展道路的现代化。

从发展方向看，中国式现代化是独立自主式现代化。中国式现代化体现着鲜明的独立自主、创新创造的特征。中国式现代化没有现成的经验可循。中国式现代化坚持走自己的路，立足国情和历史文化传统，独立自主、自力更生、开拓创新、不懈探索现代化道路，实现现代化建设普遍性和特殊性、主体性和开放性、延续性和创新性有机统一。在经济全球化的深入发展中，中国共产党抓住机遇主动发展，育先机开新局，对现代化的探索已经完全改变了过去那种"效仿西方""赶超西方"的"被动现代化"状况。中国式现代化通过彻底的革命实现了民族的独立与解放，将经济自主权牢牢掌握在自己手中，创造了世所罕见的经济发展奇迹，走出了一条独立自主的现代化道路。

从发展过程看，中国式现代化是后发式、赶超式、并联式现代化。西方发达国家在几百年的时间内完成的现代化，表现为工业化、城镇化、农业现代化、信息化等顺序发展过程。在此过程中，西方国家有着充足时间处理消化各种接踵而至的难题与任务。习近平总书记指出："我们要后来居上，把'失去的二百年'找回来，决定了我国发展必然是一个'并联式'的过程，工业化、信息化、城镇化、农业现代化是叠加发展的。"① 中国式现代化的历史呈现为从一个后发的发展中国家赶超发达国家的现代化过程，表现为后来居上、向前赶超，用几十年时间走完了发达国家几百年走过的工业化历程。在此过程中，从落后状态赶超发达国家的时间压缩性、任务重叠性，决定了"并联式"是中国式现代化的重要特征，即表现为新型工业化、信息化、城镇化、农业现代化叠加发展。另一方面，赶超型现代化使我国面临的国际国内环境与西方发达国家具有很大不同，我国面临的环境将更加复杂、挑战更加艰巨。综合而言，中国式现代化面临着新机遇、新挑战，"两

———————
① 《习近平关于科技创新论述摘编》，中央文献出版社2016年版，第25页。

个大局"构成了我国开启中国式现代化新征程的时代背景，同时面临跨越"中等收入陷阱"和"第二大经济体陷阱"的巨大考验，由此对我国治理水平和治理能力现代化提出了更高的要求，特别是对应对各种风险挑战的能力提出了更高要求。

从发展领域看，中国式现代化是全面发展式现代化。在党领导开启的把我国建设为富强民主文明和谐美丽的社会主义现代化强国的新征程中，走中国式现代化道路，既要实现对历史上现代化建设的继承和超越，又要对现代化建设新目标进行全面设定和追求，全方位、多领域、高水平地建设社会主义现代化国家。这个新目标要求我们要紧紧抓住我国社会主要矛盾的新变化，统筹推进经济建设、政治建设、文化建设、社会建设、生态文明建设的总体布局，协调推进全面建设社会主义现代化国家、全面深化改革、全面依法治国、全面从严治党的战略布局，以高质量发展为主题，坚持系统观念，全面贯彻新发展理念，统筹发展和安全，加快建设现代化经济体系。要言之，建设社会主义现代化强国是"五位一体"、人的全面发展的现代化，是从数量向质量的提升，从效率向公平的提升，从硬实力向软实力的提升，更是从经济现代化向全面现代化、从器物现代化向制度现代化的全面提升。

从发展目标看，中国式现代化是实现人的全面发展的现代化。中国式现代化根本上服务于实现人的全面发展这一终极目的。中国社会主义现代化的发展目标在于实现人的全面发展，现代化发展始终坚持以人民为中心，为了人民、依靠人民、成果由人民共享。从中国现代化发展历史进程看，增进人民福祉、实现人的全面发展是中国共产党立党治党的本质要求，是推进人从传统向现代转型的必然要求。不仅如此，人的全面发展也是社会主义现代化的内在条件，没有人们的自主创造精神发挥和科学文化素质的提高，没有社会结构向现代化的转变和人的发展，也就难以推进整个社会的经济现代化。同时，人的发展水平对社会主义现代化具有决定性的影响。现代化的各项制度、举措等必须以人为载体，需要通过全面发展的人来完成。社会主义性质和党的领导决定了中国的现代化必然以人的全面发展为目标，在促进人的能力、人的社会关系的全面发展，促进人的个性、人的需要的充分满足等多方面着眼落实。

第十七个问题

中国式现代化有哪些新的时代特征？

2015 年 10 月 29 日，在党的十八届五中全会第二次全体会议上的讲话中，习近平总书记在谈论深刻认识全面建成小康社会决胜阶段的形势时，讲道："改革开放之初，邓小平同志首先用小康来诠释中国式现代化，明确提出到 20 世纪末'在中国建立一个小康社会'的奋斗目标。"①这是党的十八大后，习近平总书记第一次提到中国式现代化，并指出了建立小康社会就是改革开放之初中国式现代化的奋斗目标。在这次讲话中，习近平总书记对中国式现代化的特征进行了详细的论述，强调"我们所推进的现代化，既有各国现代化的共同特征，更有基于国情的中国特色"②。

---

① 习近平：《在党的十八届五中全会第二次全体会议上的讲话（节选）》，《求是》2016 年第 1 期。

② 习近平：《在党的十八届五中全会第二次全体会议上的讲话（节选）》，《求是》2016 年第 1 期。

2021 年 7 月 1 日，在庆祝中国共产党成立 100 周年大会上的讲话中，习近平总书记首次提出中国式现代化道路，指出："我们坚持和发展中国特色社会主义，推动物质文明、政治文明、精神文明、社会文明、生态文明协调发展，创造了中国式现代化新道路，创造了人类文明新形态。"①党的十九届六中全会以历史决议的方式再次强调："党领导人民成功走出中国式现代化道路，创造了人类文明新形态，拓展了发展中国家走向现代化的途径，给世界上那些既希望加快发展又希望保持自身独立性的国家和民族提供了全新选择。"②习近平总书记关于"中国式现代化"和"中国式现代化道路"的系列讲话，全面阐述了中国式现代化的基本特征。

第一，中国式现代化是以中国共产党为领导核心的现代化。坚持党的领导、人民当家作主和依法治国有机统一，是建设和发展社会主义政治的历史使命，是推进国家治理体系和治理能力现代化的时代任务，是不断完善和发展中国特色社会主义制度、实现社会主义现代化的必然要求。中国共产党的领导是中国特色社会主义的最本质特征

---

① 习近平：《在庆祝中国共产党成立 100 周年大会上的讲话》，《求是》2021 年第 14 期。

② 《中国共产党第十九届中央委员会第六次全体会议文件汇编》，人民出版社 2021 年版，第 93 页。

和中国特色社会主义制度的最大优势，是中国式现代化道路有别于其他国家现代化的最重要特征。在此意义上，中国式现代化新道路的最本质特征是坚持中国共产党的领导。

第二，中国式现代化是人口和经济规模巨大的现代化。作为一个拥有 14 亿多人口的发展中国家，中国比目前进入现代化行列的西方国家的总人口数还多。纵观世界现代化历史，从来没有任何一个像中国这样的国家在人口规模如此巨大的条件下实现现代化。中国的现代化立足国内大市场的潜力，构建新发展格局，将打造具有全球影响力的超大规模市场。在这样一个世界上从未有过的超大人口和经济规模的国家实现现代化，是一个世界性和世纪性的难题。实现中国式现代化，将彻底改写现代化的世界版图，创造人类历史的奇迹。

第三，中国式现代化是全体人民共同富裕的现代化。习近平总书记强调，"坚持发展为了人民、发展依靠人民、发展成果由人民共享"[1]。这既是现代社会健康发展的本质要求，也是中国式现代化探索实践得出的宝贵经验。共同富裕是社会主义的本质要求，是以人民为中心发展思想的

---

[1] 《中国共产党第十八届中央委员会第五次全体会议文件汇编》，人民出版社 2015 年版，第 32 页。

真实体现，也是中国式现代化的重要特征。只有全体人民物质生活和精神生活都得到不断改善，才能形成推进社会主义现代化的强大动力，推动经济社会全面进步，真正实现社会主义现代化的远景目标。2021 年，党领导人民打赢脱贫攻坚战，历史性地解决了绝对贫困问题，全面建成小康社会，为实现共同富裕奠定了良好的基础。通过继续推进中国式现代化建设，到 2035 年，全体人民共同富裕将取得更为明显的实质性进展，到 21 世纪中叶，将基本实现全体人民共同富裕。

第四，中国式现代化是物质文明和精神文明相协调的现代化。中国式现代化极大地解放和发展生产力，推动社会主义物质文明高度发展，实现经济高度发达，物质产品极大丰富，满足全体人民高品质的个性化的全面发展的商品和服务需求；同时，又推进社会精神生产和精神生活的高度发展，使得中国优秀传统文化、红色文化和先进文化得以发扬光大，教育、科学、文化知识空前发达，人们思想、政治、道德水平不断提高。概言之，中国式现代化既促进物的全面丰富和人的全面发展，强调人与物的关系，又突出人与人的关系的重要性，特别强调要在马克思主义指导下，牢牢把握意识形态工作领导权，培育和践行社会主义核心价值观，加强思想道德建设，繁荣发展社会主义文艺，推动文化事业和文化产业发展，使中华文化持续传承、发扬光大，坚持创造性转化发展，不断铸就中华文化新辉煌。

第五，中国式现代化是人与自然和谐共生的现代化。自然界是社会生产力的重要基础和来源，"绿水青山就是金山银山"，保护生态环境就是保护生产力，改善生态环境就是发展生产力。中国式现代化不是单向征服自然的现代化，不是破坏和污染环境的现代化，不是无节制消耗资源的现代化，而是充分体现资源节约和环境友好，绿色发展、低碳发展、可持续发展的现代化，因此，中国式现代化把生态文明建设融入中国经济社会发展各方面和全过程，扎实推进并逐步实现碳达峰、碳中和，建设人与自然和谐共存共生的现代化，为在全球推动绿色发展理念深入人心、生态文明之路行稳致远作出贡献。

第六，中国式现代化是传承弘扬中华优秀传统文化的现代化。中国式现代化传承弘扬了中华优秀传统文化的价值理念和理想追求，具有深厚的历史文化底蕴。中华优秀传统文化是中国式现代化的"根"和"魂"，是最深厚的文化软实力，是中国式现代化植根的沃土。

第七，中国式现代化是和平发展的现代化。与欧美一些老牌资本主义国家实现现代化的路径不同，中国式现代化道路不靠发动战争、不靠殖民掠夺、不靠欺负幼小国家，而是坚持走和平发展的道路，推动构建人类命运共同体。中国式现代化是包容互鉴、和平发展而不是封闭排他、国强必霸的现代化。中国始终是全球和平和人类命运共同体的维护者、全世界发展的贡献者和整个人类利益的捍卫者。因此，中国式现代化具有鲜明的开放性、包容性和强大的感召力、感化力。

第十八个问题

如何理解共同富裕是中国式现代化的重要特征?

习近平总书记在中央财经委员会第十次会议上强调:"共同富裕是社会主义的本质要求,是中国式现代化的重要特征。"①深刻认识共同富裕是中国式现代化的重要特征,有助于在发展进程中揭示中国式现代化的"历史规定",更好理解中国式现代化道路新在何处,认清中国式现代化道路与西方现代化道路的重大区别,对于全面建设社会主义现代化国家具有重要意义。

追求共同富裕贯穿于中国式现代化道路形成和拓展的历史过程。中国式现代化道路源于中国共产党的伟大创造,是党团结带领人民探索开创的,党的领导是中国式现代化道路独特的政治优势。"中国共产党一经诞生,就

---

① 习近平:《扎实推动共同富裕》,《求是》2021年第20期。

把为中国人民谋幸福、为中华民族谋复兴确立为自己的初心使命。"①在追求现代化的历史过程中实现共同富裕，体现着中国共产党人始终不变的初心使命。我们党团结带领人民在探索现代化道路过程中，向着共同富裕目标不断迈进。新中国成立初期，毛泽东指出："现在我们实行这么一种制度，这么一种计划，是可以一年一年走向更富更强的，一年一年可以看到更富更强些。而这个富，是共同的富，这个强，是共同的强，大家都有份。"②改革开放后，邓小平指出："社会主义的本质是解放生产力，发展生产力，消灭剥削，消除两极分化，最终达到共同富裕"；"一个公有制占主体，一个共同富裕，这是我们所必须坚持的社会主义的根本原则"③。中国特色社会主义进入新时代，习近平总书记强调："我们追求的发展是造福人民的发展，我们追求的富裕是全体人民共同富裕"；"我们必须把促进全体人民共同富裕摆在更加重要的位置"；"推动人的全面发展、全体人民共同富裕取得更为明显的实质性进展"④。一代又一代中国共产党人接续践行初心使命，追求共同富

---

① 习近平：《在庆祝中国共产党成立100周年大会上的讲话》，人民出版社2021年版，第3页。

② 《毛泽东文集》第六卷，人民出版社1999年版，第495页。

③ 《邓小平文选》第三卷，人民出版社1993年版，第3页。

④ 《中共中央关于制定国民经济和社会发展第十四个五年规划和二〇三五年远景目标的建议》，人民出版社2020年版，第55页。

裕贯穿于中国式现代化道路形成和拓展的历史过程。

追求共同富裕体现在中国式现代化不断丰富发展的奋斗目标中。在开辟和拓展中国式现代化道路过程中，中国共产党人持续探寻实现共同富裕的实践路径，在小康社会与现代化建设中不断为实现共同富裕而奋斗。改革开放新时期，我们党团结带领人民既不走封闭僵化的老路，也不走改旗易帜的邪路，而是坚定不移走中国特色社会主义道路。我们从中国所处社会主义初级阶段的具体国情出发，将全面建成小康社会作为第一个百年奋斗目标，坚持在发展中不断保障和改善民生。如今，经过全党全国各族人民持续奋斗，我们实现了第一个百年奋斗目标，在中华大地上全面建成了小康社会，历史性地解决了绝对贫困问题。这意味着我们在共同富裕道路上迈出了坚实一步。党的十九大报告提出，到 2035 年"全体人民共同富裕迈出坚实步伐"，到本世纪中叶"全体人民共同富裕基本实现，我国人民将享有更加幸福安康的生活"。党的十九届五中全会提出了更为具体的要求，提出到 2035 年"人均国内生产总值达到中等发达国家水平，中等收入群体显著扩大，基本公共服务实现均等化，城乡区域发展差距和居民生活水平差距显著缩小"，"人民生活更加美好，人的全面发展、全体人民共同富裕取得更为明显的实质性进展"①。这些重要决策部署,指明了实现共同富裕的前进方向,描绘了实现共同富裕的宏伟蓝图。

追求共同富裕明确了走中国式现代化道路的必然要求。中国式现代化道路是马克思主义基本原理同中国具体实际相结合的伟大创造。马克思主义科学揭示了人类历史发展规律、社会主义发展规律,为我们认识世界、改造世界提供了科学世界观和方法论。具体而言,马克思主义揭示了资本主义社会发展的历史趋势,明确提出"无产阶级的运动是绝大多数人的、为绝大多数人谋利益的独立的运动"②。马克思恩格斯设想,在未来社会中,"生产将以所有的人富裕为目的"③,"所有人共同享受大家创造出来的福利"④。习近平总书记指出,要坚持把增进人民福祉、促进人的全面发展、朝着共同富裕方向稳步前进作为经济发展的出发点和落脚点。党的十九大提出,我国社会主要矛盾已经转化为人民日益增长的美好生活需要和不平衡不充分的发展之间的矛盾。着力解决新时代社会主要矛盾,就要

---

① 《中共中央关于制定国民经济和社会发展第十四个五年规划和二○三五年远景目标的建议》,人民出版社 2020 年版,第 11 页。
② 《马克思恩格斯文集》第二卷,人民出版社 2009 年版,第 42 页。
③ 《马克思恩格斯文集》第八卷,人民出版社 2009 年版,第 200 页。
④ 《马克思恩格斯文集》第一卷,人民出版社 2009 年版,第 689 页。

不断创造美好生活、逐步实现全体人民共同富裕。我们党将促进全体人民共同富裕作为为人民谋幸福的着力点，致力于更好满足人民日益增长的美好生活需要。也正因为如此，中国式现代化道路得到广大人民的真心拥护。

追求共同富裕彰显中国式现代化道路的深厚文化底蕴。习近平总书记指出，优秀传统文化是一个国家、一个民族传承和发展的根本，如果丢掉了，就割断了精神命脉。中国式现代化新道路，传承弘扬了中华优秀传统文化的价值理念和理想追求，具有深厚的历史文化底蕴。中华优秀传统文化中包含丰富的关于小康、和谐、大同社会的思想。《诗经》里就有关于"小康"的记载；《礼记·礼运》描述的"大道之行也，天下为公"，反映了关于大同社会的理想；孔子讲过"不患寡而患不均，不患贫而患不安"；管仲所言"仓廪实而知礼节，衣食足而知荣辱"，说明了物质基础与文明进步的关系；《左传》中的"民生在勤，勤则不匮"，说明了勤劳奋斗的重要性；孙中山提出"民生为社会进化的重心"，表达了改善民生的要求。然而，由于缺乏制度基础和物质条件，这些思想理念只能停留在对美好社会的憧憬之中。只有中国特色社会主义道路的开创、中国式现代化道路的开辟，才能为实现共同富裕奠定扎实的生产力条件和社会发展基础，使得共同富裕理想能够在中华大地上一步步成为现实。

中国式现代化道路的历史逻辑、实践逻辑、理论逻辑和文化逻辑，共同决定了共同富裕必然是其重要特征。是否坚持共同富裕，成为区分中国式现代化道路与西方现代化道路的一个重要标志。

第十九个问题

中国式现代化进程中如何扎实推动共同富裕？

　　走中国式现代化道路多年来的发展成就，为促进全体人民共同富裕创造了良好条件。经过全党全国各族人民持续奋斗，我们实现了第一个百年奋斗目标，全面建成了小康社会，历史性地解决了绝对贫困问题，正在向着第二个百年奋斗目标迈进。当前，我国经济长期向好，物质基础雄厚，人力资源丰富，市场空间广阔，发展韧性强劲。虽然还存在发展不平衡不充分、城乡区域发展和收入分配差距较大等问题，但完全有条件进一步推动解决这些问题。从中国和世界的历史经验和启示看，社会公平问题处理得好有利于社会稳定有序。缩小收入分配差距，对一个国家的长治久安非常重要，尤其对我们这样拥有 14 亿多人口的大国至关重要。适应我国社会主要矛盾的变化，更好满足人民日益增长的美好生活需要，就要更加注重社会公平问题。

共同富裕是一项系统工程，要坚持以人民为中心的发展思想，正确处理效率和公平的关系，促进社会公平正义，在高质量发展中促进共同富裕。实现社会公平正义是由多种因素决定的，其中很重要的因素是经济社会发展水平。没有扎扎实实的发展成果，共同富裕就无从谈起。只有生产力高度发展了，物质财富的"蛋糕"做大了，才能更好地分配，也更有分配调整的回旋余地。因此，必须立足新发展阶段、贯彻新发展理念、构建新发展格局，提高发展的平衡性、协调性、包容性，调动各方面创新发展的积极性、主动性。要鼓励勤劳创新致富，靠勤劳实干兴邦，靠勤劳实干创造更多的物质财富。坚持在发展中保障和改善民生，为人民提高受教育程度、增强发展能力创造更加普惠公平的条件，畅通向上流动通道，给更多人创造致富机会，形成人人参与的发展环境。

在做大"蛋糕"的同时，还要把"蛋糕"分好，让发展成果更多更公平惠及全体人民。为此，要构建初次分配、再分配、三次分配协调配套的基础性制度安排，加大税收、社保、转移支付等调节力度并提高精准性，形成中间大、两头小的橄榄型分配结构，使全体人民朝着共同富裕目标扎实迈进。

通过深化相关制度改革增强初次分配的公平性。初次分配制度直接影响分配秩序和分配结果，对实现共同富裕具有直接的重要影响。一是合理安排劳动、财政收入等在国民收入中的比例，发挥财税和金融资源的调配作用，稳步提高居民收入在国民收入分配中的比重。二是完善工资形成和增长机制，提高劳动报酬在初次分配中的比重，营造全社会崇尚劳动、勤劳致富的社会风尚。三是通过改善创业环境、发展多层次资本市场、推出多样化的理财工具等，拓展居民收入渠道，增加居民财产性收入。四是加强对高收入的规范和调节，依法保护合法收入，合理调节过高收入，清理规范不合理收入，整顿收入分配秩序，坚决取缔非法收入，保护产权和知识产权，保护合法致富，促进各类资本规范健康发展，缩小居民收入差距。五是提高中等收入群体的比重，研究实施中等收入群体倍增计划，巩固拓展脱贫攻坚成果，促进农民农村共同富裕，全面推进乡村振兴，推动更多低收入人群迈入中等收入行列。

通过深化相关制度改革加强再分配的调节性职能。一是完善税收制度，包括完善税种、合理确定各类税种的税基和税率、完善收入和财产的个人申报制度和税收监管制度、严格税收执法等。二是完善财政转移支付制度，进一步提高均衡性转移支付的规模和比重，构建以一般转移支付为主、专项转移支付为辅的模式。三是调整和优化财政支出结构，完善公共财政制度，把更多的财政资金投向公共服务领域，突出重点并加强薄弱环节。促进基本公共服务均等化，加大普惠性人力资本投入。四是建立覆盖城乡居民的社会保障体系，完善养老和医疗保障体系、兜底救助体系、住房供应和保障体系。五是鼓励高收入人群和企业更多回报社会。完善有利于第三次分配的法律和法规、有效的民间组织监管机制、慈善捐赠的税收减免制度，积极发挥第三次分配对收入分配的调节作用。

通过深化相关制度改革增强配套制度的保障性职能。共同富裕离不开分配起点的公平化、分配秩序的有序化、城乡区域发展的协调化，是各主体、各层面发展环境、发展条件、发展状况合力作用的结果。保障性体制机制和政策体系涵盖经济社会各领域、各环节，包括公平教育制度、充分就业体系、公共服务体系、公平竞争机制、城乡区域协调发展体制机制、公共财政制度、普惠金融制度等。保障性体制机制和政策体系对于分配秩序、分配格局等具有重要影响，是实现共同富裕的前提条件和重要保障。

第二十个问题

中国式现代化进程中如何对待资本问题？

从中国式现代化道路来看，党在领导创立与拓展中国式现代化道路的历程中，科学研判社会发展形势，紧扣社会主要矛盾，在不同历史时期对资本问题有着不同的认识。正确认识资本并在实践中处理好与资本的关系是中国共产党领导中国式现代化的一条重要线索。社会主义革命和建设时期，我们党以"三大改造"形成了关于资本问题的最初看法；改革开放和社会主义现代化建设时期，我们党通过解放思想实现对资本认识的新突破，在发展社会主义市场经济中引入了资本；中国特色社会主义进入新时代，我们党以两个"毫不动摇"的指导原则把握与资本的发展关系，使市场在资源配置中起决定性作用，在更好发挥政府作用中发挥资本作用。

发展社会主义市场经济是我们党的一个伟大创造，社会主义市场经济中必然会有各种形态的资本。凭借着社会主义市场经济的重要活力，特别是把社会主义基本制度与市场经济结合起来，中国式现代化才能取得如此辉煌成就。伴随着中国特色社会主义进入新时代，中国式现代化进入新阶段，资本问题更加复杂。总的来说，在资本关系上，公有资本与非公有资本之间是协同竞争关系，而非对立竞争关系。与之相对应，在资本规模上，改革开放以来不同所有制资本的规模共同增长，不存在"国进民退"或"国退民进"的问题。在行业分布上，公有资本主要分布在第二产业中的中上游行业和公益性行业，在第三产业中主要分布在银行、保险等金融业；非公有资本主要分布在第三产业，其在第二产业中集聚在中下游行业。在区域分布上，与国企改革和对外开放相联系，整体上看，从北向南、由西到东，公有资本占比逐步降低，非公有资本比例逐步提高。在科技创新上，公有资本是国家战略科技力量的重要支撑和原始创新能力的建设主体；非公有资本科技创新能力不断增加，极大促进了我国科技的高水平发展。在社会责任上，公有资本是壮大国家综合实力、保障人民共同利益的重要力量；非公有资本积极承担社会责任，对中国经济社会贡献日益提高。同时，我们也要看到，资本的消极作用表现为：扰乱市场秩序、拉大贫富差距，滋生贪污腐败、助长不正之风，引发错误思潮、威胁文化安全，只重眼前利益、破坏生态环境，等等。

面对中国式现代化进程中资本问题的新形势，以习近平同志为核心的党中央指出，"要发挥资本作为生产要素的积极作用，同时有效控制其消极作用。要为资本设置'红绿灯'，依法加强对资本的有效监管，防止资本野蛮生长。要支持和引导资本规范健康发展，坚持和完善社会主义基本经济制度，毫不动摇巩固和发展公有制经济，毫不动摇鼓励、支持、引导非公有制经济发展。"① 中国式现代化应支持和引导资本规范健康发展。坚持有向原则，服务社会主义市场经济，确保资本服务市场经济、服务社会主义。坚持有效原则，推动经济社会高质量发展，推动资本推进发展方式转变，助力经济结构优化，助推增长动力转换。坚持有序原则，防止资本无序扩张，针对金融化、平台化、隐蔽化等问题进行监管。支持和引导资本规范健康发展，从宏观层面看，要坚持和完善社会主义基本经济制度，毫不动摇巩固和发展公有制经济，毫不动摇鼓励、支持、引导非公有制经济发展；要推动有效市场和有为政府更好结合，为资本设置"红绿灯"，进一步加强社

① 《中央经济工作会议在北京举行》，《人民日报》2021 年 12 月 11 日。

会主义市场经济体系和法治建设，为资本健康发展疏通渠道，加强资本监管。从行业层面看，要通过完善反垄断、加强资本监管等方面的法律法规，建立健全防止资本无序扩张的法律制度，加强对资本扩张的引导和管控。

第二十一个问题

如何理解中国式现代化的全面性？

中国式现代化是全面发展式现代化。中国式现代化坚持全面发展、全面进步的现代化道路，坚持"五位一体"总体布局，贯彻落实新发展理念，推动物质文明、政治文明、精神文明、社会文明、生态文明协调发展，推动实现人的全面发展和社会全面进步。

中国式现代化的"全面性"体现在现代化的目标和内容。中国式现代化的总体目标是"把我国建成富强民主文明和谐美丽的社会主义现代化强国"。在现代化的总体布局上，中国式现代化强调坚持"五位一体"的总体布局，体现了经济建设、政治建设、社会建设、文化建设和生态文明建设的辩证统一。从党的十二届六中全会提出以经济建设为主逐步过渡到物质文明建设和精神文明建设"两位一体"的总体布局，到党的十六大提出经济建设、政治建设、文化建设"三位一体"的总体布局，到党的十七大提出经济建设、政治建设、文化建设、社会建设"四位一体"的总体布局，再到党的十八大最终形成了经济建设、政治建设、文化建设、社会建设和生态文明建设"五位一体"的总体布局，中国式现代化的发展布局不断拓展，所形成的"五位一体"现代化总体布局已经超越了以经济现代化、物质现代化为标志的西方现代化，也为广大发展中国家创新和实现全面现代化提供了重要的经验。"五位一体"总体布局是一个有机整体，中国式现代化与"五大建设"之间是系统与要素、整体与局部的关系，"五大建设"之间相互联系、相互促进、互为条件、不可分割，共同构成中国式现代化的"五个轮子"，其中经济建设是根本，政治建设是前提，文化建设是灵魂，社会建设是基础，生态文明建设是保障。只有坚持"五位一体"的统筹兼顾、全面推进、协调发展，才能形成经济富裕、政治民主、文化繁荣、社会公平、生态良好的发展格局，把我国建设成为富强民主文明和谐美丽的社会主义现代化国家。

中国式现代化的"全面性"体现在现代化的本质上。在现代化的本质上，中国式现代化强调现代化的本质是人的现代化，体现了人的现代化和社会整体现代化的辩证统一。中国式现代化坚持以人民为中心发展思想，强调"以人民为中心""人民立场""民众获得感"，强调现代化的本质是人的现代化，实现人的现代化、推动人的全面发展，是中国式现代化的本质特征、根本原则和基本逻辑。全面现代化对于人的现代化、人的全面发展思想的诠释可以概括为三个方面：一是一切为了人的全面发展。2015年10月，党的十八届五中全会首次提出以人民为中心的发展思想。在党的指导思想上，党的十九届六中全会要求"必须坚持以人民为中心的发展思想，发展全过程人民民主，推动人的全面发展、全体人民共同富裕取得更为明显的实质性进展"。在2035年基本实现社会主义现代化远景目标上，党的十九届五中全会要求实现"人民生活更加美好，人的全面发展、全体人民共同富裕取得更为明显的实质性进展"。以人民为中心的发展思想反映了中国式现代化坚持人民主体地位的内在要求，彰显了人民至上的价值取向和历史经验。二是为了人的全面发展。人的全面发展最根本的是人的劳动能力的全面发展，即人的智力和体力的充分、统一发展。2012年11月15日，习近平总书记就在答记者问时说："这个重大责任，就是对人民的责任"，"我们的人民热爱生活，期盼有更好的教育、更稳定的工作、更满意的收入、更可靠的社会保障、更高水平的医疗卫生服务、更舒适的居住条件、更优美的环境，期盼孩子们能成长得更好、工作得更好、生活得更好。人民对美好生活的向往，就是我们的奋斗目标"①。2016年12月21日，习近平总书记在中央财经领导小组第十四次会议上发表重要讲话强调，"让老百姓过上好日子是我们一切工作的出发点和落脚点"。三是为了一切人的全面发展。马克思主义认为，每个人的自由发展是一切人的自由发展的条件。我们党要实现的人的全面发展不是某一个人的解放和全面自由发展，而是人类整体的全面发展。"我们的党是全心全意为人民服务的党，我们的国家是人民当家作主的国家，党和国家一切工作的出发点和落脚点是实现好、维护好、发展好最广大人民根本利益。"②2013年12月，习近平总书记在纪念毛泽东诞辰120周年座谈会上的讲话中强调："面对人民过上更好生活的新期待，我们不能有丝毫自满和懈怠，必须再接再厉，使发展成果更多更公平惠及全体人民，朝着共同富裕方向稳步前进。"③中国式现代化与西方现代化的根本区别在于为谁服务，是为绝大多数人服务还是为少数人服务。实现人的现代化、推动人的全面发展

---

① 《习近平等十八届中共中央政治局常委同中外记者见面》，《人民日报》2012年11月16日。

② 习近平：《在哲学社会科学工作座谈会上的讲话》，人民出版社2016年版，第12—13页。

③ 《习近平谈治国理政》第一卷，外文出版社2018年版，第28页。

思想反映了坚持人民主体地位的内在要求，彰显了人民至上的价值取向和历史经验，也是我们党为人民服务的根本宗旨的生动体现。

第二十二个问题

如何理解中国式现代化的"并联式"特征？

中国式现代化是后发式、赶超式、并联式现代化。习近平总书记指出："我国现代化同西方发达国家有很大不同。西方发达国家是一个'串联式'的发展过程，工业化、城镇化、农业现代化、信息化顺序发展，发展到目前水平用了二百多年时间。我们要后来居上，把'失去的二百年'找回来，决定了我国发展必然是一个'并联式'的过程，工业化、信息化、城镇化、农业现代化是叠加发展的。"[①]"并联式"从现代化发展过程的次序性视野，重新认识中国式现代化的中国特色，把现代化西方发达国家世界视野的"串联式"与中国式现代化"并联式"特色有机

[①] 《习近平关于社会主义经济建设论述摘编》，中央文献出版社2017年版，第12页。

联系和相互比较，从更为宽广的世界视野和更具深邃内涵的中国特色来分析中国式现代化的新特征，为世界现代化发展道路多样性提供了中国样本。

自从人类社会启动从农业社会向工业社会转型的现代化大潮之后，世界所有国家都先后被纳入现代化发展道路中。由于现代化启动时间、背景、自身国情、国际形势等不同因素，世界先后形成不同的现代化发展道路。"并联式"与"串联式"作为一对描述世界现代化不同发展道路的词汇，虽然是从现代化发展过程的次序性来区分的，但发展道路次序性背后却隐含着不同现代化道路在发展理念、时间维度、发展速度、发展动力、发展任务等方面的显著差异。

在现代化发展理念上，中国"并联式"现代化发展道路属于赶超型发展理念。第一批步入现代化发展进程的欧美国家走的是"串联式"发展道路。欧美国家基于自身经济、政治和文化等现代性要素的嬗变，没有来自其他已经完成现代化国家的外部压力，在其内部矛盾要素的推动下，按自身规律有序发展，现代化进程中不同阶段的特征十分明显。作为后发型现代化国家，中国和大多数发展中国家在现代化发展理念上，都选择了赶超型发展理念。只有在赶超型发展理念指导下利用后发优势，才能缩短与发达国家的发展差距，才能实现弯道超车，否则，只能亦步亦趋，步发达国家的后尘。在赶超型发展理念的支配下，"并联式"发展道路的不同发展阶段发展时间压缩、发展任务合并成为必然。

在现代化发展时间维度上，中国"并联式"现代化发展道路呈现出时间跨度的急剧压缩性。"串联式"国家现代化发展道路，大多经历了150—300年的时间跨度。如英国资产阶级革命开始于17世纪中叶，完成于20世纪初期，历经约250年；法国现代化道路从1789年大革命开始到20世纪中叶完成，历经近170年；美国的现代化道路从其1776年独立开始到20世纪30年代完成，历经约150年。中国作为"并联式"发展道路的典型代表，将用100年时间实现社会主义现代化。中国实现现代化发展道路所用时间只是英国的1/3、法国的7/10、美国的3/5。急剧缩短的现代化时间，使中国利用后发优势，更快地接近西方发达国家的现代化水平。

在现代化发展动力维度上，中国"并联式"现代化发展道路大体属于后发外源型现代化。"串联式"发展道路是由社会自身力量产生的内部创新，经历漫长过程的社会变革道路，又称内源性变迁，其外来影响居于次要地位。中国"并联式"现代化发展道路是外源或外诱的现代化，是在国际环境影响下，受外部竞争和压力而引起的经济变革的道路，又称外诱变迁。其现代化内生动力从"冲击—反应"转换为对现代性自觉觉醒和接纳后，由外部压迫性变迁转变为内生性改革，为现代化发展道路提供源源不断的动力。

在现代化发展速度上，中国"并联式"现代化发展道路表现为快速变革的创新性巨变或传导性巨变。"串联式"发展道路为渐进性变革的渐进性微变或突发性微变，是一个自发的、自下而上、渐进式的变革过程。中国"并联式"现代化发展道路选择赶超型发展战略，是政府（政党）主导的自上而下、急剧的变革过程，包括经济快速发展、传统文化革新、政治现代化变革等，革命或改革成为现代化发展动力的主要构成，现代化进程被急剧压缩在特定时间段内，各个发展阶段急剧缩短，不同发展任务相互叠加。

在现代化发展任务的次序性上，中国"并联式"现代化发展道路呈现出不同时期发展任务的叠加性。"串联式"现代化发展道路的国家，每一个发展阶段的时间较长，按照自身内因推动自主向前发展，每一阶段发展跨度受市场、科技革命等因素影响较大，政府干预力量较小，其每一阶段发展任务边界清晰，不同时期发展任务单一性突出。中国"并联式"现代化发展道路由于时间压缩，导致工业化、信息化、城镇化、农业现代化的任务"共时性"并存，彼此叠加，相互影响，导致现代化发展道路任务繁重，势必会造成多种多样的社会矛盾和发展难题。当前我国社会矛盾呈现出矛盾积累性、关联性和叠加性的特征，就是"并联式"发展道路带来的"副产品"和代价。

第二十三个问题

为什么说中国式现代化是自立自强的现代化？

自立自强是中国式现代化的鲜明特质。世界近现代史证明，现代化是强国富民的必然途径。但通向现代化的道路不止一条，不同国家由于历史文化、基本国情、历史条件等不同，实现现代化的道路也会有所不同。在率先实现现代化的国家中，欧美国家和亚洲国家有很多不同，即使欧美之间和欧洲国家之间实现现代化的途径也不尽相同。对于中国这样一个有着数千年悠久历史、超大人口规模、广阔地域的国家来说，探索现代化道路，更是没有现成的经验可循，只能立足国情和历史文化传统，独立自主、自力更生、开拓创新、不懈探索。

中国式现代化的实践历程表明，自立自强的现代化取得了举世瞩目的伟大成就。近现代以来，在中国共产党的领导下，中国在顺应历史大势中坚定走自己的路，不断探索中国式现代化道路，创造了经济快速发展奇迹和社会长期稳定奇迹，并拓展了发展中国家走向现代化的途径。在新民主主义革命时期，以毛泽东同志为主要代表的中国共产党人，把马克思列宁主义基本原理同中国具体实际相结合，开辟了农村包围城市、武装夺取政权的正确革命道路，取得了革命的胜利，为实现现代化创造了根本社会条件。同时，对实现中国式现代化进行了伟大构想，在党的七届二中全会上，毛泽东向全党提出了"使中国稳步地由农业国转变为工业国"的历史任务。在社会主义革命和建设时期，中国共产党领导中国人民完成社会主义革命，消灭一切剥削制度，实现了中华民族有史以来最为广泛而深刻的社会变革，为实现现代化提供了根本政治前提和制度基础。该时期，进一步明确了中国式现代化的目标任务，毛泽东提出，我们的任务"就是要安下心来，使我们可以建设我们国家现代化的工业、现代化的农业、现代化的科学文化和现代化的国防"①。经过艰辛努力，我国建立起独立的比较完整的工业体系和国民经济体系。在改革开放和社会主义现代化建设新时期，邓小平强调："我们搞的现代化，是中国式的现代化。我们建设的社会主义，是

---

① 《毛泽东文集》第八卷，人民出版社 1999 年版，第 162 页。

有中国特色的社会主义。"①能否实现现代化，"决定着我们国家的命运、民族的命运"。为了加快推进社会主义现代化，党领导人民进行经济建设、政治建设、文化建设、社会建设，取得一系列重大成就，中国实现了从生产力相对落后的状况到经济总量跃居世界第二的历史性突破，实现了人民生活从温饱不足到总体小康、奔向全面小康的历史性跨越，推进了中华民族从站起来到富起来的伟大飞跃。党的十八大以来，中国特色社会主义进入新时代。在以习近平同志为核心的党中央的坚强领导下，办成了许多过去想办而没有办成的大事，推动党和国家事业取得历史性成就、发生历史性变革，顺利实现了党的第一个百年奋斗目标，并开启了实现第二个百年奋斗目标新征程。在中国共产党的坚强领导下，通过几代中国人的共同努力，中国成功走出了中国式现代化道路。中国从"落后于时代"到"赶上时代"，再到"引领时代"，中国式现代化道路越走越宽广。中国从积贫积弱迈向繁荣富强，成为世界第二大经济体，经济实力、科技实力、综合国力大幅跃升；中国人民生活从温饱不足到实现全面小康，幸福指数不断提高；中国从传统农业大国发展为工业大国，工业化程度越来越高，成为制造业第一大国；中国从封闭半封闭走向全

① 《邓小平文选》第三卷，人民出版社 1993 年版，第 29 页。

方位开放，深度参与经济全球化，对人类文明的贡献越来越大；中国日益走近世界舞台的中央，国际影响力显著提升。

中国式现代化的实践历程表明，自立自强是实现现代化的关键。在不同时期，正是因为我们党坚持立足中国实际、独立探索适合国情的现代化道路，把立足点放在依靠自己力量的基础上、自立自强，牢牢掌握发展主动权，才能创造发展奇迹，用几十年时间走完了发达国家几百年走过的工业化历程；才能确保粮食安全，把饭碗牢牢端在自己手中；才能统筹兼顾发展与安全，实现可持续发展。现在，中华民族的自信心和自豪感极大振奋，中国人民的道路自信、理论自信、制度自信、文化自信无比坚定。在新征程上，我们将坚持把马克思主义基本原理同中国具体实际相结合、同中华优秀传统文化相结合，更好把握现代化建设普遍性和特殊性、主体性和开放性、延续性和创新性的有机统一，赋予中国式现代化更加鲜明的实践特色、理论特色、民族特色、时代特色。

第二十四个问题

中国式现代化有没有一个时间表、路线图？

现代化承载着中国几代人的梦想。中国共产党自成立之日起就把实现中华民族伟大复兴作为自己的历史使命。围绕着这一根本历史使命，中国共产党探索中国现代化道路、推进中国现代化事业，提出了建成社会主义现代化强国的总目标。在推进中国式现代化的过程中，中国共产党立足我国发展实际，在不同时期提出了不同的目标任务。

新中国成立后，中国共产党就提出了现代化的发展目标，开启了进行中国式现代化建设的历史征程。1954年9月，毛泽东提出了"将我们现在这样一个经济上文化上落后的国家，建设成为一个工业化的具有高度现代文化程度的伟大的国家"[1]的奋斗目标。1954年9月，周恩来首次提

---

[1] 《毛泽东文集》第六卷，人民出版社1999年，第250页。

出"四个现代化"的发展目标，当时指的是工业、农业、交通运输业、国防"四个现代化"。1963 年 1 月，周恩来提出了新的"四个现代化"：我们要实现农业现代化、工业现代化、国防现代化和科学技术现代化，把我们祖国建设成为一个社会主义强国，关键在于实现科学技术现代化。

改革开放后，中国式现代化的战略安排和实施步骤更加细化。1982 年 9 月，党的十二大提出"翻两番"的奋斗目标。"翻两番"即从 1981 年到 20 世纪末的 20 年，力争使全国工农业年总产值翻两番，由 1980 年的 7 100 亿元增加到 2000 年的 28 000 亿元左右，这是我国第一次用经济指标来确定现代化发展的步骤。1984 年 10 月，邓小平在会见中外代表时，进一步提出"两步走"战略："我们第一步是实现翻两番，需要二十年，还有第二步，需要三十年到五十年，恐怕是要五十年，接近发达国家的水平。"这是我国从中长期确定现代化发展目标的开始，为后来"三步走"发展战略的先声。1987 年 10 月，党的十三大制定了我国现代化"三步走"战略：第一步到 1990 年实现国民生产总值比 1980 年翻一番，第二步到 20 世纪末国民生产总值再增长一倍，第三步到 21 世纪中叶人民生活比较富裕，基本实现现代化。该战略对 20 世纪剩下的十几年时间与 21 世纪前半叶进行了统筹规划，为我国现代化发展提供了更切实际的安排。在"三步走"战略的指导下，到 20 世纪 90 年代中期，我国提前实现了前两步走的目标要求。在此基础上，1997 年 9 月，党的十五大提出新"三步走"战略。第一步，实现 2010 年 GDP 比 2000 年翻一番，使人民的小康生活更加宽裕，形成比较完善的社会主义市场经济体制。第二步，到建党一百周年时，全面建设小康社会，使国民经济更加发展，各项制度更加完善。第三步，到新中国成立一百周年时，基本实现现代化，建成富强民主文明的社会主义国家。新"三步走"战略对老"三步走"战略的第三步进行了具体的细化，即要在 21 世纪头 20 年全面建设惠及十几亿人口的更高水平的小康社会。

中国特色社会主义进入新时代，中国式现代化的时间表、路线图更加全面更加立体。党的十八大以来，以习近平同志为核心的党中央对推进现代化发展提出了新的目标任务。党的十八届三中全会提出了推进国家治理体系和治理能力现代化的目标，就是完善和发展中国特色社会主义制度、推进国家治理体系和治理能力现代化。党的十九大提出了基本实现社会主义现代化和建成社会主义现代化强国的目标，并明确了任务要求："从二〇三五年到本世纪中叶，在基本实现现代化的基础上，再奋斗十五年，把我国建成富强民主文明和谐美丽的社会主义现代化强国。到那时，我国物质文明、政治文明、精神文明、社会文明、生态文明将全面提升，实现国家治理体系和治理能力现代化，成为综合国力和国际影响力领先的国家，全体人民共同富裕基本实现，我国人民将享有更加幸福安康的生活，中华民族将以更加昂扬的姿态屹立于世界民族之林。"①党的十九届五中全会进一步指出："展望二〇三五年，我国经济实力、科技实力、综合国力将大幅跃升，经济总量和城乡居民人均收入将再迈上新的大台阶，关键核心技术实现重大突破，进入创新型国家前列；基本实现新型工业化、信息化、城镇化、农业现代化，建成现代化经济体系；基本实现国家治理体系和治理能力现代化，人民平等参与、平等发展权利得到充分保障，基本建成法治国家、法治政府、法治社会；建成文化强国、教育强国、人才强国、体育强国、健康中国，国民素质和社会文明程度达到新高度，国家文化软实力显著增强；广泛形成绿色生产生活方式，碳排放达峰后稳中有降，生态环境根本好

① 习近平：《决胜全面建成小康社会 夺取新时代中国特色社会主义伟大胜利——在中国共产党第十九次全国代表大会上的报告》，人民出版社 2017 年版，第 29 页。

转，美丽中国建设目标基本实现；形成对外开放新格局，参与国际经济合作和竞争新优势明显增强；人均国内生产总值达到中等发达国家水平，中等收入群体显著扩大，基本公共服务实现均等化，城乡区域发展差距和居民生活水平差距显著缩小；平安中国建设达到更高水平，基本实现国防和军队现代化；人民生活更加美好，人的全面发展、全体人民共同富裕取得更为明显的实质性进展。"[1]

从 20 世纪 70 年代"两步走"的提出，到改革开放时期社会主义现代化老新"三步走"战略的细化，再到新时代"两步走"战略的提出，中国式现代化道路的实现路径越来越清晰，时间表和路线图越来越明确，呈现出一条完整的现代化道路。

---

[1] 《中国共产党第十九届中央委员会第五次全体会议文件汇编》，人民出版社 2020 年版，第 22—23 页。

第二十五个问题

未来中国式现代化道路有哪些战略安排?

在未来现代化的战略安排上, 中国式现代化道路强调坚持"四个全面"的战略布局, 即全面建设社会主义现代化国家、全面深化改革、全面依法治国和全面从严治党。"四个全面"战略布局是坚持把马克思主义基本原理同中国具体实际相结合、探索社会主义建设规律、中国式现代化道路的理论结晶, 是新时代坚持和发展中国特色社会主义的实践探索和理论创新的最新成果, 是中国式现代化的战略布局, 也是中国特色社会主义的战略布局。中国式现代化道路强调坚持"四个全面"的战略布局, 体现了全面建设社会主义现代化国家与全面深化改革、全面依法治国、全面从严治党的辩证统一。

"四个全面"战略布局是有机联系的统一体。习近平总书记指出，"四个全面"战略布局"既有战略目标，也有战略举措，每一个'全面'都具有重大战略意义"①。全面建设社会主义现代化国家是我们的战略目标，全面深化改革、全面依法治国、全面从严治党是三大战略举措。"四个全面"战略布局是由一大战略目标、三大战略举措构成的系统布局，是艰巨复杂的系统工程。从"四个全面"的内在关系看，四者不是简单的并列关系，而是紧密联系、相互贯通的顶层设计，"四个全面"环环相扣、相互促进，每个"全面"都要放在整个战略布局中来理解和把握。全面建设社会主义现代化国家是目标，全面深化改革是动力，全面依法治国是保障，全面从严治党是关键。从全面建设社会主义现代化国家的角度看，作为战略目标，全面建设社会主义现代化国家是"四个全面"战略布局的中心，我们所有的奋斗都要聚焦于这个目标。全面建设社会主义现代化国家是其他三个"全面"的目标所指、目标所向，内含着对全面深化改革、全面依法治国、全面从严治党三大战略举措提出的明确要求和努力方向。全面深化改革、全面依法治国、全面从严治党，都必须紧紧围绕这一战略目标、服务服从于这一战略目标。

①《习近平关于全面依法治国论述摘编》，中央文献出版社2015年版，第14页。

　　要协调推进全面建设社会主义现代化国家、全面深化改革、全面依法治国、全面从严治党"四个全面"战略布局。通过全面深化改革建设社会主义现代化国家。全面深化改革是"四个全面"战略布局的重要内容之一。党的十八大以来，确定了全面深化改革的战略重点、优先顺序、主攻方向、工作机制、推进方式和时间表、路线图，科学回答了"怎样坚持和发展中国特色社会主义"的时代课题。改革只有进行时，没有完成时，要坚持正确的改革方向，全面深入推进各项改革，通过深化改革坚持和发展中国特色社会主义，建设社会主义现代化强国。通过全面依法治国建设社会主义现代化国家。全面依法治国，要提高立法质量和效率，加快完善以宪法为核心的中国特色社会主义法律体系。要提高依法行政水平，在法治轨道上推进政府各项工作。要确保司法公正、高效、权威，努力让人民群众在每一个司法案件中感受到公平正义。要加强对法治实施的监督，保证国家机关切实履行法治实施职责。要加强法治专门人才队伍建设，为法治中国建设提供人才支撑和智力支撑。要增强全民法治观念，夯实法治社会建设基础。通过全面从严治党建设社会主义现代化国家。要坚持和完善党的领导制度体系，特别要完善坚定维护党中央权威和集中统一领导的各项制度，健全总揽全局、协调各方的党的领导制度体系。坚持以党的自身革命推进国家制度完善发展和国家治理现代化。要与时俱进地创新领导方式和执政方式，完善全面从严治党制度，不断推进党的自身革命，努力实现党的自身建设现代化。坚持以强化权力运行制约和监督体系为重点，健全防错纠错机制，避免发生重大失误。

第二十六个问题

· · ·

走中国式现代化道路需要着重解决哪些问题？

坚持走中国式现代化道路，顺利实现全面建成社会主义现代化强国的第二个百年奋斗目标、实现中华民族伟大复兴，需要着重完成以下重大问题。

要统筹推进"五位一体"总体布局。统筹推进"五位一体"总体布局，就是要将经济、政治、文化、社会、生态五大领域作为一个有机整体，使各领域相互协调、互促共进。一要推进经济建设和经济治理现代化。坚持全面贯彻新发展理念，建设现代化经济体系，更加注重完善有利于激励科技创新的体制机制，加快建设创新型国家；坚持把社会主义和市场经济更好地结合起来，完善社会主义基本经济制度和分配制度，朝着全体人民共同富裕道路不断前进。二要推进政治建设和政治治理现代化。坚定走中国特色社会主义政治发展道路，坚持党的领导、人民当家作主、依法治国有机统一，完善保证人民当家作主的制度体系，完善中国共产党领导的多党合作和政治协商制度、民族区域自治制度、基层群众自治制度。三要推进文化建设和文化治理现代化。要切实增强意识形态领域的主导权和话语权，坚持马克思主义在意识形态领域的指导地位。坚持把马克思主义基本原理同中国具体实际相结合、同中华优秀传统文化相结合，推动中华优秀传统文化创造性转化、创新性发展，提高国家文化软实力。四要推进社会建设和社会治理现代化。要切实加强和创新社会治理，把完善保障和改善民生制度体系放在更加突出的位置，不断增强全体人民的幸福感、获得感、安全感；健全共建共治共享的社会治理制度和社会共同体，完善构建社会主义和谐社会制度体系，建设更高水平的平安中国。五要推进生态文明建设和生态治理现代化。要深入贯彻习近平生态文明思想，"像保护眼睛一样保护生态环境，像对待生命一样对待生态环境"①。在全社会树立社会主义生态文明观，实行最严格的生态环境保护制度，保持加强生态文明建设的战略定力，锲而不舍，久久为功，促进生态环境持续

---

① 《在参加十二届全国人大三次会议江西代表团审议时的讲话》，《人民日报》2015 年 3 月 7 日。

改善。

要努力实现国家治理体系和治理能力现代化。坚持和完善中国特色社会制度、推进国家治理体系和治理能力现代化是未来中国现代化建设的重要战略性任务。一要完善制度体系。要聚焦坚持和完善支撑中国特色社会制度的根本制度、基本制度、重要制度，着力固根基、扬优势、补短板、强弱项，坚持巩固和完善发展我国国家制度和国家治理体系。二要完善国家权力结构体系。要处理好若干重要主体间关系，包括人民与政府和政党的关系、政党与政府的关系、政党与国家的关系、中央和地方的关系、政府和市场的关系、国家和社会的关系。三要提升治理能力现代化。要顺应历史发展潮流，吸取古代、近代国家治理精华，实现从传统国家治理向现代国家治理的跨越，切实把制度优势转化为治理效能。四是坚持"一国两制"方针，推进祖国统一。坚持依法治港治澳，推动新时代"一国两制"行稳致远。坚持一个中国原则和"九二共识"，以两岸同胞福祉为依归，推动两岸关系和平发展、融合发展，以最大诚意、尽最大努力争取和平统一的前景。

要深入推进构建人类命运共同体。构建人类命运共同体是习近平外交思想的重要内容，是当代中国对世界的重要思想和理论贡献，反映了全人类的共同价值追求。构建人类命运共同体，就是要坚持对话协商、共建共享、合作共赢、交流互鉴，建设一个持久和平、普遍安全、共同繁荣、开放包容的世界。"党领导人民成功走出中国式现代化道路，创造了人类文明新形态，拓展了发展中国家走向现代化的途径，给世界上那些既希望加快发展又希望保持自身独立性的国家和民族提供了全新选择。"[①]未来，我们要努力创造出更富有实践经验、更加成熟定型、不同于西方现代化模式的中国特色社会主义现代化发展模式，为更好引领示范发展中国家的现代化作出新的更大贡献。

---

① 《中国共产党第十九届中央委员会第六次全体会议文件汇编》，人民出版社 2021 年版，第 93 页。

第二十七个问题

中国式现代化与西方现代化相比有何优势？

中国式现代化超越了西方现代化模式，既遵循现代化普遍规律，又立足中国国情彰显中国特色，引领时代潮流，弘扬和平、发展、公平、正义、民主、自由的全人类共同价值。从世界现代化史看，中国式现代化提供了不同于西方现代化模式的新选择，创造了人类文明新形态，破解了人类社会发展的诸多难题，摒弃了西方以资本为中心的现代化、两极分化的现代化、物质主义膨胀的现代化、对外扩张掠夺的现代化老路，拓展了发展中国家走向现代化的途径，为人类对更好社会制度的探索提供了中国方案。

中国式现代化具有更高的价值追求。中国式现代化以坚持以人民为中心，致力于在发展中确立人的主体性和独立性，以人的全面发展和人类解放为发展目标。西方现代化以资本为中心，以物质的现代化为主导逻辑，以追求物质财富和资本增殖为价值旨归。因此，现代化虽然缘起西方，西方实现现代化早于中国，但中国的现代化没有照搬西方现代化，而是依据国情进行创新，实现了对西方现代化的反思和超越，特别是在价值追求上实现了对西方的全面超越，从价值立场到价值选择上实现了对现代化的价值重构。中国式现代化是全体人民共同富裕的现代化，意味着要推动发展成果更多更公平惠及全体人民，不断提高人民群众的获得感、幸福感、安全感；中国式现代化是物质文明和精神文明相协调的现代化，意味着不仅人民物质生活水平不断提高、家家仓廪实衣食足，而且精神文化生活日益丰富、人人知礼节明荣辱；中国式现代化是人与自然和谐共生的现代化，意味着既要创造更多物质财富和精神财富以满足人民日益增长的美好生活需要，也要提供更多优质生态产品以满足人民日益增长的优美生态环境需要；中国式现代化是协调推进的现代化，是经济建设、政治建设、文化建设、社会建设和生态文明建设共同推进，物质文明、政治文明、精神文明、社会文明、生态文明协调发展的现代化。

中国式现代化具有更大的正外部性。中国式现代化是走和平发展道路的现代化。在国外，不掠夺、不殖民、不称霸，与国际社会和平共处，与所有国家平等交往，在国际经济交往中互利合作，积极融入经济全球化，在发展自身的同时造福世界，推动构建人类命运共同体，不断为世界和平与发展注入强大正能量。西方资本主义现代化是建立在对外殖民血腥掠夺、对内残酷剥削人民的原始积累基础上的。马克思曾说："资本来到世间，从头到脚，每个毛孔都滴着血和肮脏的东西。"据统计，自15世纪末开始，西方殖民者在300多年间，仅从中南美洲就抢走了250万公斤黄金、1亿公斤白银。英国的"圈地运动"、美国的"西进运动"以及罪恶的奴隶贸易等，都标注了西方资本主义现代化的"原罪"。西方现代化总体上是排他、自利的，西方现代化不仅在原始资本积累时期给世界人民造成了极大的伤害，而且在发展过程中和现在还在危害着世界和人类社会的发展。20世纪上半叶，为争夺原材料和市场，西方列强发动了两次世界大战，给世界和平和人类社会造成了重大损失。目前，为防止其他国家实现现代化，西方国家通过设置各种障碍使发展中国家或成为现代化的依附者，或成为现代化的无望者，其实质是使其沦为西方现代化体系中的附庸。

中国式现代化具有更高的发展效率。中国式现代化发展快于西方现代化。西方发达国家的现代化进程是"串联式"的发展过程，按照工业化、城镇化、农业现代化、信息化的顺序，用了200多年时间达到目前的现代化水平。中国式现代化则是"并联式"的过程，工业化、信息化、城镇化、农业现代化叠加发展。中国式现代化发展效果优于西方现代化。经过70多年的发展，中国共产党坚持国家治理与社会治理相结合，创造了经济迅速发展和社会长期稳定的伟大奇迹，建成了世界上规模最大的社会保障体系，形成了世界上规模最大的中等收入阶层，全面建成了小康社会。而西方国家现在则面临着许多问题，物质主义膨胀、社会严重两极分化等。中国式现代化解决重大问题的能力强于西方现代化。如在贫困治理上，贫困是困扰当今世界发展的顽疾，西方现代化虽然在总体上实现了生活水平的跃升，但由于资本主义制度的局限，即使高度发达的美国等国家，仍然存在大量的贫困人口。而作为最大的发展中国家，中国却是世界上取得减贫成就最大的国家，到2020年底，在现行标准下历史性地解决了绝对贫困问题。

第二十八个问题

中国式现代化道路对发展中国家有何借鉴启示？

中国式现代化的成功，创造了中国式现代化新道路，为人类对现代化道路的探索作出了巨大贡献，为发展中国家推进现代化提供了全新选择。习近平总书记指出："一个和平发展的世界应该承载不同形态的文明，必须兼容走向现代化的多样道路。"[①] "每个国家自主探索符合本国国情的现代化道路的努力都应该受到尊重。中国共产党愿同各国政党交流互鉴现代化建设经验，共同丰富走向现代化的路径，更好为本国人民和世界各国人民谋幸福。"[②] 中国这个世界上最大的发展中国家实现现代化，极大丰富了现代

---

① 习近平：《坚定信心 共克时艰 共建更加美好的世界——在第七十六届联合国大会一般性辩论上的讲话》，《人民日报》2021 年 9 月 22 日。

② 习近平：《加强政党合作 共谋人民幸福——在中国共产党与世界政党领导人峰会上的主旨讲话》，《人民日报》2021 年 7 月 7 日。

化理论、拓展了现代化实践，为广大发展中国家走向现代化提供了中国智慧、中国方案。

要坚持以人民为中心的发展思想。习近平总书记指出，全党必须牢记，为什么人的问题，是检验一个政党、一个政权性质的试金石。新中国成立 70 多年来，中国共产党在带领全国人民推进现代化建设的过程中，始终牢记"江山就是人民，人民就是江山"，长久坚持以人民为中心这一根本政治立场。毛泽东指出："我们这个队伍完全是为着解放人民的，是彻底地为人民的利益工作的。"[①] 邓小平反复强调，要把人民拥护不拥护、赞成不赞成、高兴不高兴、答应不答应作为制定方针政策和作出决断的出发点和归宿。特别是党的十八大以来，以习近平同志为核心的党中央牢牢坚持人民立场，进一步形成和发展了以人民为中心的发展思想，坚持把实现好、维护好、发展好最广大人民根本利益作为发展的根本目的，把增进人民福祉、促进人的全面发展作为发展的出发点和落脚点，维护社会公平正义，保障人民平等参与、平等发展权利，使发展成果更多更公平惠及全体人民，朝着共同富裕方向稳步前进。习近平总书记也反复地强调这一点："党除了工人阶级和最广大人民群众的利益，没有自己特殊的利益"；

---

① 《毛泽东选集》第三卷，人民出版社 1991 年版，第 1004 页。

"任何时候都必须把人民利益放在第一位";"党的一切工作,必须以最广大人民根本利益为最高标准。检验我们一切工作的成效,最终都要看人民是否真正得到了实惠,人民生活是否真正得到了改善,人民权益是否真正得到了保障"①。中国式现代化坚持以人民为中心的发展思想充分体现人民主体地位,极大激发了全体人民的积极性、主动性和创造性,人民在整个现代化过程中群策群力、共建共享。这是中国现代化道路越走越宽广、越来越成功的根本原因,也是中国现代化经验对发展中国家最重要的启示。

要努力形成能够团结全国人民的坚强领导核心。中国能够找到正确的现代化道路,关键在于有中国共产党的正确领导。正如习近平总书记所指出的,中国产生了共产党,"深刻改变了近代以后中华民族发展的方向和进程,深刻改变了中国人民和中华民族的前途和命运,深刻改变了世界发展的趋势和格局"②。只有形成坚强领导核心,才能团结全国人民,振奋民族精神,汇聚起实现现代化的强大合力。实现现代化要面临许多困难和挑战,需要先进政党的坚强领导,对于后发国家来说尤其如此。近现代以

---

① 习近平:《在纪念毛泽东同志诞辰 120 周年座谈会上的讲话》,《人民日报》2013 年 12 月 27 日。

② 习近平:《在庆祝中国共产党成立 100 周年大会上的讲话》,人民出版社 2021 年版,第 3 页。

来，世界上实现现代化的国家极其有限，实现现代化的后发国家更是凤毛麟角，中国式现代化之所以能够成功，取得辉煌成就，最根本的是有中国共产党这个坚强领导核心。依靠先进政党的领导力量，中国社会主义现代化才有科学理论和正确路线方针政策的指导，才能取得举世瞩目的伟大成就。发展中国家走向现代化，需要先进政党选择现代化道路、制定现代化方案、推进现代化实践，最终实现现代化目标。

要坚持从实际出发探索现代化道路。习近平总书记指出："一切成功发展振兴的民族，都是找到了适合自己实际的道路的民族。"① "中国人民的成功实践昭示世人，通向现代化的道路不止一条，只要找准正确方向、驰而不息，条条大路通罗马。"② 鞋子合不合脚，只有穿的人才知道。中国式现代化道路，是中国人民立足中国国情，既不是照搬西方模式，也不是比照马克思主义的本本按图索骥，而是在推进社会主义现代化的伟大实践中逐步探索出来的。长期以来，西方率先完成现代化这一历史事实造成一种"现代化就是西化"的错觉，中国式现代化的成功则打破

---

① 习近平：《在纪念孙中山先生诞辰 150 周年大会上的讲话》，《人民日报》2016 年 11 月 12 日。

② 习近平：《开放共创繁荣 创新引领未来——在博鳌亚洲论坛2018年年会开幕式上的主旨演讲》，《人民日报》2018 年 4 月 11 日。

了西方模式一统天下的局面。不同国家的历史传统、自然条件和国民素质不尽相同，没有一个固定、一成不变的模式可以直接套用。发展中国家的现代化必须立足于本国实际情况，只有适合本国国情的道路才是唯一正确的道路。一旦选择了正确道路，就要坚定不移走下去，不徘徊、不折腾，一代代人接力奋斗。

要坚持顶层设计和问计于民相结合。要精心制定符合本国国情的发展战略和发展模式，鼓励地方和基层创新探索，充分发挥各方面的积极性。新中国成立后，中国共产党特别注重整个国家的发展计划和规划。从1953年实施第一个国民经济和社会发展计划开始，其后几乎是每隔五年就有一个发展规划，到现在已经是第十四个五年规划了。这是中国共产党治国理政的重要方式，是中国式现代化成功的一条基本经验。同时，注重发挥地方和基层的积极性，坚持问计于民。比如，中国的农村改革、设立经济特区等，都体现了这个精神。对于某些一开始拿不太准、看不太清楚的事情，则一般是要先经过某一个部门或地方基层进行试点，投石问路。如果做得好、有成效，就逐步加以复制和推广，形成全国的经验；如果觉得有问题、效果不好，就不断地总结经验，不断地加以完善，直至找到一个好的方向和路径。对于发展中国家来说，要实现现代化，必须有目标、有计划，同时坚持问计于民，充分发挥地方和基层的积极性，以较短的时间、较快的速度、最有效的途径，取得尽可能大的成就。

第二十九个问题

如何理解中国式现代化创造了人类文明新形态？

在现代化的历史方位上，中国式现代化创造了人类文明新形态，体现了民族性和世界性的辩证统一。中国式现代化是一场文明延续、迭代与创新的巨变，它不仅集中刻画了中华五千年文明赓续的特殊规律，更在多个维度上探寻着人类文明特别是发展中国家、后起国家文明复兴的普遍规律，以及不同文明在同一时空环境下交融互鉴的普遍格局，"创造了人类文明新形态"①。文明代表着一个国家发展进步的程度。在不同历史时期、不同社会类型中，文明会呈现不同的样式、形态、发展水平，表现不同的内在原则和价值取向。中国式现代化道路作为一种人类文明新

---

① 习近平：《在庆祝中国共产党成立100周年大会上的讲话》，人民出版社2021年版，第14页。

形态，既体现了人类文明发展的一般规律，又蕴含着不同于其他文明形态的内在文明逻辑，二者相互贯通、相生相成、同行共进。

一方面，中国式现代化是民族国家的独立自主道路。人类历史上没有一个民族、一个国家可以通过依赖外部力量、照搬外国模式、跟在他人后面亦步亦趋实现现代化。中国式现代化坚持把国家和民族发展放在自己力量的基点上，始终坚持从中国国情出发，探索并形成符合中国实际的正确道路。

另一方面，中国式现代化是开放包容而不是封闭排他的现代化，彰显文明的开放性、世界性。首先，中国式现代化超越"文明冲突论"，为人类文明交往提供中国智慧。各文明间的交往是人类社会发展进步的重要动力。中国式现代化摒弃西方国家"文明冲突论"，既紧紧扎根中国土壤，立足中华文明发展逻辑，又牢牢遵循现代文明建构规律，在顺应时代发展潮流的基础上，以辩证方式处理不同文明之间的关系，坚持文明交流互鉴，在交流中找到共识，在互鉴中实现发展，展现出鲜明的开放性、包容性和强大的涵化力，为推动人类文明进步和历史发展贡献了中国智慧。其次，中国式现代化超越"西方中心论"，为广大发展中国家走向现代化提供中国经验。在很多西方中心主义者看来，现代化即西方化。他们将西方现代化模式置于先验的"普世"地位，将其视为各国通往现代化的"唯一通道"。中国式现代化道路不是国外现代化发展的翻版，而是立足中国国情的现代化方案，标志着一种新的人类文明形态的出场，实现了人类社会发展的伟大变革，是人类现代化整体性实践的重要组成部分，在其展开过程中逐渐实现了价值外溢，为其他后发民族国家进行现代化建设提供了重要的中国经验。最后，中国式现代化超越"零和博弈论"，为破解人类发展难题提供中国方案。与西方国家的"二元对立""零和博弈"的思维方式不同，中国式现代化以和平、发展、公平、正义、民主、自由的全人类共同价值为价值导向，坚持合作共赢、互惠互利的基本理念，坚持走和平发展道路，推动构建人类命运共同体，彰显了世界胸怀和大国担当。

基于新的历史方位与世界变局，我们可以从如下方面理解人类文明新形态的内涵。一是社会主义与中华文化交互相融的人类文明新形态。一方面，中国式现代化创造的人类文明新形态蕴含着马克思主义关于人类社会的美好理想，鲜明地体现了超越资本主义文明、更高阶段的社会主义和共产主义文明形态。另一方面，我们党和人民创造的人类文明新形态必然有着中华文化之根，体现着中华文明历史悠久的思想观念、价值追求与人文理念，包含着中华传统文化中对于理想社会的憧憬。二是实现中华民族伟大复兴的人类文明新形态。中国式现代化形成和发展的根本动力在于实现中华民族伟大复兴，承载着实现中华民族伟大复兴的伟大梦想。因此，中国式现代化创造的人类文明新形态必然体现着中华民族伟大复兴的诉求，与中华民族伟大复兴互为一体。三是逐步实现共同富裕、人的自由全面发展的人类文明新形态。中国式现代化的根本逻辑在于以人民为中心，表现为致力于促进人的自由全面发展。作为现实的产物，人类文明新形态必然要求实现共同富裕，在人的自由全面发展上取得实质性进展。四是不断为人类作出更大贡献的人类文明新形态。中国式现代化坚持走和平发展道路，拓展了发展中国家走向现代化的途径，给世界上那些既希望加快发展、又希望保持自身独立性的国家和民族提供了全新选择，深刻影响了世界历史进程，在为人类谋进步、为世界谋大同上迈出了坚定的步伐。

第三十个问题

如何理解全面建成社会主义现代化强国的重大意义？

中国式现代化的成功，在一个有着 14 亿多人口的社会主义大国创造了中国式现代化新道路，从根本上扭转了中华民族的历史命运，深刻影响着世界现代化进程，在人类历史上具有重大意义。习近平总书记强调："实践表明，中国式现代化新道路越走越宽广，将更好发展自身、造福世界。"[①] "中国共产党将团结带领中国人民深入推进中国式现代化，为人类对现代化道路的探索作出新贡献。"[②] 展望未来，中国式现代化的总体目标，就是全面建成社会主义现代化强国，这是中华民族复兴的伟大梦想。

[①] 《习近平给"国际青年领袖对话"项目外籍青年代表回信》，《人民日报》2021 年 8 月 12 日。

[②] 习近平：《加强政党合作 共谋人民幸福——在中国共产党与世界政党领导人峰会上的主旨讲话》，《人民日报》2021 年 7 月 7 日。

第一，全面建成社会主义现代化强国，为在全面建成小康社会基础上继续前行、确保如期实现第二个百年奋斗目标和中华民族伟大复兴指明了前进方向。建设现代化国家，是近代以来中国社会发展的一条主线；实现中华民族伟大复兴，是中华民族近代以来最伟大的梦想。新中国成立以来特别是改革开放以来，经过几代人的接续奋斗，我们找到了实现中华民族伟大复兴的正确道路，取得了举世瞩目的成就。中国特色社会主义进入新时代，我们比历史上任何时期都更接近、更有信心和能力实现中华民族伟大复兴的目标。全面建成小康社会取得决定性胜利，中华民族伟大复兴又向前迈出了决定性的关键一大步，社会主义中国以更加雄伟的身姿屹立于世界东方。在实现第一个百年奋斗目标之后，乘势而上开启全面建设社会主义现代化国家新征程、向第二个百年奋斗目标进军，实现了中国式现代化理论的新飞跃。这在我国发展进程中具有里程碑意义，必将创造大国跨越"中等收入陷阱"的发展奇迹，创造现代化国家人口翻番的发展奇迹，推动现代化建设走在世界前列，推动中华民族伟大复兴历史进程实现巨大跨越。

第二，全面建成社会主义现代化强国，为坚持以人民为中心、实现全体人民共同富裕和社会全面进步、彰显党的初心使命和提升社会主义制度优越性开拓了新前景。现代化代表着先进生产力的价值追求。实现共同富裕是几代中国共产党人接续奋斗的动力源泉。党的十八大以来，以习近平同志为核心的党中央坚持以人民为中心的发展思想，把脱贫攻坚作为重中之重，持续实施精准扶贫，完成了消除绝对贫困的艰巨任务，为全体人民共同富裕和社会全面进步打下扎实基础。在此基础上，全面建设和建成社会主义现代化强国，把促进全体人民共同富裕和社会全面进步摆在更加重要的位置，将更加彰显中国特色社会主义的制度优势，更加彰显富强民主文明和谐美丽的社会主义现代化强国的人民性，更高程度上和更大范围内体现社会主义的本质。

第三，全面建成社会主义现代化强国，是坚持和发展马克思主义国家学说、加强和巩固马克思主义政党建设、推动世界社会主义从低潮走向重兴的伟大战略。按照马克思主义国家学说，共产党是推翻旧制度、建设新社会的领导力量。中国共产党自成立以来，在不同时期有针对性地设定现代化建设目标，不断进行自我革命，持续推动现代化建设，取得了举世瞩目的现代化国家建设成就。中国共产党在推进中国式现代化的历史发展中，遭遇过许许多多艰难曲折，尤其是 20 世纪 90 年代初苏联解体和东欧巨变，使世界社会主义运动一度陷入低潮，一些资产阶级理论家甚至认为两种意识形态、两种社会制度的竞争已经以资本主义的全面胜利而告终，宣称这是"历史的终结"。中国共产党人团结带领人民，顶住压力，保持定力，坚持走自己的现代化道路，创造了中国经济社会发展的奇迹，为社会主义事业带来了曙光和希望。据相关统计，目前世界上有100多个国家的130多个仍保持共产党名称或坚持马克思主义性质的政党。现实社会主义国家共产党员总数约有9950多万人。① 中国是当今世界上最大的社会主义国家，中国共产党是世界上人数最多的政党，中国式现代化道路直接影响着世界社会主义的走向，影响着世界各国政党特别是马克思主义政党的建设。因此，中国式现代化国家的建设及其成就，开辟了马克思主义理论特别是科学社会主义的新境界。中国成为世界社会主义中流砥柱，推动世界社会主义事业从低潮走向重兴，推动国际共产主义运动在21世纪的发展，推动21世纪马克思主义理论和实践的不断创新发展，必将坚定人们对于社会主义发展的自信，弘扬共产主义理想信念，为未来世界转型和人类社会提供文化宝藏和思想资源。

---

① 姜辉：《中国特色社会主义新时代的世界意义》，江西人民出版社2021年版，第246页。

第四，全面建成社会主义现代化强国，将继续为发展中国家现代化建设提供中国方案，为推动世界和平与发展、构建人类命运共同体作出中国贡献。基于西方国家现代化历史实践，产生了形形色色的国家现代化理论，这些理论长期为西方国家所垄断。中国共产党人创造性地把马克思主义基本原理同本国实际相结合，坚持和发展中国特色社会主义，破除了资本主义无法克服的现代化"悖论"，打破了人类现代化只能选择资本主义的"普世之路"，走出了一条与西方资本主义迥异的社会主义现代化之路。这一创举将使世界现代化道路和现代化模式由单数变为复数，重构世界现代化理论新谱系，推动人类文明多样化发展而更具魅力。胸怀天下和海纳百川的中国全面建设社会主义现代化国家的实践，将产生深远的世界影响，极大拓展发展中国家走向现代化的途径，给世界上那些既希望加快发展又希望保持自身独立性的国家和民族提供全新选择。同时，中国式现代化不仅会实现中国自身的繁荣发展，若干年后，跨过"中等收入陷阱"的中国将进入发达国家行列，将在全球经济发展中扮演"压舱石""稳定器"的重要作用，推动世界格局和力量对比向更有利于维护和平安全与稳定、更加有利于加快构建人类命运共同体的方向发展，为人类社会发展进步作出更大的贡献。